MARIA LUIZA BORTONI NINIS
EUGENIO DE SOUZA CARDOSO

Nossa Senhora e o Brasil

EDITORA
SANTUÁRIO

Dados Internacionais de Catalogação na Publicação (CIP) de acordo com ISBD

N715n Ninis, Maria Luiza Bortoni

Nossa Senhora e o Brasil / Maria Luiza Bortoni Ninis, Eugenio de Souza Cardoso. - Aparecida : Editora Santuário, 2023.
136 p. ; 14cm x 21cm.

ISBN: 978-65-5527-385-4

1. Religião. 2. Cristianismo. 3. Amorosidade. 4. Oração. 5. Espiritualidade. 6. Igreja. 7. Nossa Senhora. I. Cardoso, Eugenio de Souza.
II. Título.

2023-3704 CDD 240
CDU 24

Elaborado por Vagner Rodolfo da Silva - CRB-8/9410

Índice para catálogo sistemático:
1. Cristianismo 240
2. Cristianismo 24

1ª impressão

Rua Pe. Claro Monteiro, 342 – 12570-045 – Aparecida-SP
Tel.: 12 3104-2000 – Televendas: 0800 016 00 04
www.editorasantuario.com.br
vendas@editorasantuario.com.br

Agradecimentos

Ao sacerdote do Sagrado Coração, Getúlio Saggin, que com palavras edificantes, naturalmente bondosas a respeito dos autores, fez a apresentação de nosso trabalho.

À douta professora de história, Maria Magda Ribeiro, por ter se afastado de seu importante trabalho social para participar de nosso projeto, prefaciando este livro.

A nossa sempre amiga, professora Rosa Maria Campos Gonçalves, que gentilmente fez a correção gramatical de "Nossa Senhora e o Brasil".

À amiga Nilza Azevedo, *"in memoriam"*, e a minha irmã Stella Maris Bortoni, que me presentearam com livros de grande ajuda nesta pesquisa histórica.

A minha secretária, Priscila Letícia da Silva, pela dedicação e ajuda nas pesquisas e na digitação deste livro.

Nosso muito obrigado também às pessoas que nos auxiliaram esclarecendo dúvidas sobre igrejas, nomes, datas e outros importantes conhecimentos:

Maria do Carmo Lisboa, secretária da paróquia de Nossa Senhora da Soledade de Itajubá, MG.

Coraly Fernandes, que nos ajudou, colhendo dados litúrgicos junto ao pároco da cidade de Cristina, MG.

Marileia Ieno Gonçalves que nos elucidou a respeito do arquiteto do Santuário da Agonia de Itajubá.

Helen Santos que, gentilmente, fotografou a Igreja de Nossa Senhora da Glória do Machado no Rio de Janeiro.

Aos vários outros secretários paroquiais, de diversas regiões do Brasil, que, embora não nos conhecendo, atenderam nossas ligações e nos passaram preciosas informações.

Prefácio

"Maria Santíssima, concebida sem pecado e escolhida para ser a mãe de Jesus, após sua morte, subiu ao céu de corpo e alma"(p. 54) ... "a ligação e o surgimento das igrejas a Ela dedicadas com a história e cultura brasileiras".

Essa é a essência que permeia todo o conteúdo do livro de Maria Luiza e Eugenio, pessoas que colocaram sua vida a serviço da literatura e da informação. Ela é reconhecida por diversos livros publicados e detentora de inúmeros prêmios e concursos literários; e Eugenio, jornalista, advogado e um grande professor de história, sempre preocupado em revelar a verdade dos fatos, dissipando a penumbra fictícia que, às vezes, envolve a realidade.

A união dessas cabeças, mais que pensantes, resultou em uma louvação a Nossa Senhora, demonstrando a importância, a fé e a devoção, que Ela despertou nos brasileiros no decorrer da História do Brasil, desde a colonização. Quando se diz que a maioria das cidades brasileiras surgiu em torno de uma capela, percebe-se, em cada título recebido por Maria Santíssima, que há sentimentos, história e cultura envolvidos, cuja crença na força da Mãe de Jesus é uma só. As origens das capelas, das igrejas, dos santuários, das escolas e dos educandários, surgidos em decorrência dessa crença são expressões da diversidade e da extensa rede de confiança depositada pelos brasileiros, nas graças e na proteção advindas da Virgem de Nazaré.

A leitura do livro enseja e anima nossa curiosidade, quando nos deparamos com a descrição dos vários momentos de fé e de amor incondicional do povo, que faz da imagem de uma Santa sua força, para suplantar um obstáculo, a ajuda em um grande negócio, ou para proteção aos escravos e abolicionistas perseguidos, por discriminação e preconceito, ou ainda, a comemoração de uma vitória, o livramento de dores, angústias e aflições. E há aqueles que viram a Virgem Santíssima em sonhos, em tempestades, em rochedos e águas do mar e dedicaram a Ela uma louvação, em procissões, cortejos de flores, terços, coroas e ricos adornos, objetos de devoção e amor, que se transformaram em obras de arte. Virou tradição, cultura e patrimônio desse imenso território brasileiro. E os milagres? Eles existem!

Portanto a leitura do livro vai saciar o porquê de a Mãe do Salvador receber tantos nomes diferentes e, ao mesmo tempo, evidenciar o momento histórico que permitiu tal nomenclatura.

Deixo aqui meus agradecimentos por fazer parte deste projeto, parabenizando meus amigos Maria Luiza e Eugenio pela laboriosa e original pesquisa, que resultou em uma obra rica em fé e história.

Maria Magda Ribeiro
Maria da Fé, MG

Apresentação

Amadas leitoras e amados leitores!

Apresentar este livro é deixar transparecer o mais profundo do ser humano que comunga Deus, que ousa adentrar no útero da humanidade, manifesta sua confiança no ser humano e o convida a nascer novamente para o bem. O Criador da vida acredita em suas criaturas e as convida a contribuir na edificação de seu Reino de justiça e de paz.

Em Maria de Nazaré, Ele manifesta seu rosto materno e gerador da vida. Na simplicidade do dia a dia, Ele encarna-se manifestando a fragilidade e a grandeza humana. A iniciativa dos geradores deste livro, santamente, manifesta a humanidade de Deus. Em Maria, aparece seu rosto com toda a sua ternura, misericórdia e presença na caminhada de nossa existência.

Nas diferentes configurações maternas de Deus, transparece o amor misericordioso, sempre resgatando suas criaturas, pois gerar é nascer! E, em todas as suas aparições, manifesta sua presença divina contribuindo para o resgate humano. Assim, Deus quis encarnar-se nas entranhas humanas e valorizar esse espaço sagrado da humanidade, onde o mal nunca poderá vencer. Maria abre um caminho genial de comunhão profunda com Deus e com os irmãos. Ela ajuda a compreender que, em cada ser humano, existe um espaço sagrado, que pertence somente a Deus.

Ela sempre gera e entrega ao mundo seu filho Jesus de Nazaré, o Cristo, sempre presente na história dos povos. Em cada página desta obra, a história da presença de Deus, por intermédio de Maria, sempre está mergulhada na história do Brasil. É sempre dentro da realidade do dia a dia que Nossa Senhora traz o recado de Deus pleno de esperança em uma vida melhor. Desde o princípio, Ele caminha com seu povo, por isso no cotidiano da vida sua presença materna em Maria de Nazaré sempre nos acompanha indicando novos passos a serem caminhados. Essa feliz integração que os autores fizeram entre a história do Brasil e a presença de Nossa Senhora esclarece profundamente a íntima conexão entre o humano e o divino.

Seu coração ardente de mãe sempre aquece, brilha e ilumina. Nossa Senhora e o Brasil é um trabalho de vida e fé. Os autores tiveram a sensibilidade de apresentar o carinho do Pai para com a humanidade. Em diversas e diferentes circunstâncias, enxergaram a presença da Mãe cuidando de seus filhos. E estes não se cansam de honrá-la e manifestar a Ela todo o carinho por meio de festas, cânticos, poesias, coroações, orações e súplicas. O coração da Mãe faz arder de amor os corações de homens e mulheres.

Ao ler este livro, lembro-me de minha mãe, que me ensinou a amar Nossa Senhora como a Mãe de Jesus e a de todos nós. Nasci com Nossa Senhora Aparecida e Nossa Senhora do Sagrado Coração. A Mãe Negra, que protege, e a Mãe do Coração, esperança dos desesperados. Em Aparecida, o missionário Vítor Coelho, e, em Nossa Senhora do Sagrado Coração, o missionário Júlio Chevalier. Alegro-me com a iniciativa dos autores deste livro, que ajudam a encontrar a Mãe nas diferentes situações históricas de nosso Brasil. Desvelar a presença materna de Deus em Nossa Senhora, presente nos indígenas, negros, brasileiros, portugueses e outros mais, é perceber como cada povo manifesta em sua cultura essa preciosa presença. Com certeza, você, leitor, encontrará aqui nestas páginas proteção e esperança, pois a Fé e a Vida necessitam caminhar e existir juntas; exatamente porque Deus mergulhou na humanidade e nós mergulhamos Nele por intermédio de Maria, Nossa Senhora.

"Cuidando do Encanto e da Dor da Vida"
Getulio Saggin, MSC. Pe. Ar.

Uma Palavra da Autora

Há alguns anos, tive a ideia de escrever este livro, relacionando-o com o surgimento das igrejas dedicadas a Nossa Senhora em nosso país.

Procurei muito, em livrarias, sebos e na internet, algo que já existisse nesse sentido. Encontrei ótimos trabalhos que falam das igrejas no Brasil ou de Nossa Senhora, mas nada que mostrasse a ligação entre devoção a Maria Santíssima e o surgimento das igrejas a ela dedicadas, com a história e cultura brasileiras. Então pedi coragem e forças a Nossa Senhora e, aproveitando o isolamento em que me achava em 2020, devido à pandemia que assolara nosso país, iniciei este extenso trabalho de pesquisa.

Não coloquei neste livro todas as igrejas nem todos os onomásticos de Maria. Se fosse fazer um trabalho tão grande, eu precisaria de mais tempo e saúde, dos quais já não disponho. Estão aqui os nomes de Maria mais ligados a nossa cultura e à devoção de nosso povo.

Iniciei o trabalho com a chegada de Pedro Álvares Cabral e pretendia ir desenvolvendo-o dentro de uma cronologia secular. Embora tenha tentado fazer dessa forma, não ficou tão radicalmente alinhado à cronologia dos cinco séculos e dos 22 anos da história brasileira, porque muitas igrejas foram levantadas em madeira, pedra ou pau a pique nos primórdios de nossa civilização e muitas delas só foram reformadas ou transformadas em templos sólidos e bem construídos vários anos mais tarde.

O que é patente é o surgimento de povoados que depois se transformaram em cidades em torno de capelinhas dedicadas a Nossa Senhora, como a cidade de Mariana, em Minas Gerais.

Também é fato histórico que as três raças formadoras do povo brasileiro participaram dessa devoção e construíram igrejas em sua homenagem. A igreja da Graça, construída por Caramuru e Paraguaçu, é uma das primeiras capelas erguidas no Brasil. Mais tarde, os escravos negros, já agrupados em irmandades, erigiram igrejas dedicadas a Nossa Senhora do Rosário.

A igreja de Nossa Senhora do Carmo, em São Luís, no Maranhão, construída em 1627, serviu de fortaleza para os combatentes que lutaram contra a invasão holandesa na cidade.

Segundo o Jornal Diário do Rio, de 2 de setembro de 2017, e o portal do IPHAN, de 16 de janeiro de 2020, Tiradentes, ao ser perseguido pelo Vice-rei, Luís de Vasconcelos, escondeu-se em uma dependência da Igreja Nossa Senhora Mãe dos Homens, antes de se abrigar na casa de seu amigo Domingos Fernandes da Cruz, na rua dos Latoeiros, onde foi preso.

Na guerra da independência, na Bahia, no Convento da Lapa ligado à Igreja de Nossa Senhora da Lapa, Soror Joana Angélica de Jesus foi morta por um dos soldados do General Madeira, ao proteger a clausura ante a fúria da soldadesca. Tornou-se uma grande heroína brasileira.

A Igreja de Nossa Senhora de Fátima que se situa em Brasília, na 307/308 Sul, foi construída pelo presidente Juscelino Kubitschek de Oliveira para agradecer uma graça recebida.

D. João VI, ao chegar ao Brasil, transformou a Igreja de Nossa Senhora do Carmo em Capela Real.

Como tantos outros santuários brasileiros, erguidos de forma espontânea, o de Nossa Senhora da Glória foi construído por volta de 1671 por Antônio Caminha, um imigrante português. Naquela época, era apenas uma capela no topo do Outeiro, no bairro da Glória, que podia ser avistada ao longe pelos navios que chegavam à baía de Guanabara. O local tem importância histórica e foi palco de diversas batalhas contra os franceses – de uma delas Estácio de Sá, o fundador da cidade, saiu mortalmente ferido. Mais tarde, em 1808, o santuário ganhou grande importância com a chegada da corte portuguesa. Em 1819, a princesa Maria da Glória, neta de Dom João VI, foi batizada ali e, a partir de então, todos os membros da família real foram consagrados no templo.

A Princesa Isabel teve forte ligação com Nossa Senhora Aparecida.

A Igreja da Sé em São Paulo, que tem como padroeira Nossa Senhora da Assunção, é icônica e guarda em sua cripta os restos mortais do cacique Tibiriçá, do padre Bartolomeu de Gusmão, do Regente Feijó, de Manuel da Nóbrega e Anchieta e do grande defensor da democracia e dos direitos humanos: Dom Evaristo Arns.

As festas das padroeiras dedicadas à Virgem Santíssima, em todo o Brasil, são comemoradas com missas e festividades, que se tornaram tradicionais e fazem parte de nosso acervo cultural, como a coroação de Nossa Senhora no mês de maio, a Ela dedicado.

Algumas dessas comemorações têm caráter nacional. Entre elas se destacam as que ocorrem nas cidades históricas de Minas Gerais, os reisados e congadas originários das procissões, organizadas pelas Irmandades do Rosário. Na região Amazônica, destacam-se as procissões do Círio de Nazaré, sendo a mais importante a da cidade de Belém, que congrega devotos de todo o Brasil. Já mais ao sul do país, as belíssimas festividades em homenagem à Senhora dos Navegantes, em Porto Alegre e Cananeia, atraem centenas de turistas.

No dia 12 de outubro, acontece a maior comemoração Mariana do Brasil, quando milhares de peregrinos, em transportes coletivos, individuais ou a pé, chegam ao Santuário de Aparecida para louvar a Rainha e Padroeira do Brasil.

As festas devotadas a Maria Santíssima tornaram-se tradição e cultura, e hoje existe um intenso turismo religioso de norte a sul do país.

Para a edificação das igrejas, dos altares e das imagens no Brasil, a princípio vieram artífices de Portugal, como o famoso Frei Agostinho da Piedade, que atuou especialmente na Bahia.

Depois foram surgindo artistas brasileiros: arquitetos, escultores, pintores, toreutas e ainda vários compositores de música sacra. Citamos alguns deles: Frei Agostinho de Jesus, a quem é atribuída a confecção da imagem de Nossa Senhora da Conceição, encontrada no Rio Paraíba do Sul, em 1717; Manuel da Costa Ataíde, conhecido como Mestre Ataíde; José Joaquim da Rocha; Padre Jesuíno do Monte Carmelo; e o famoso Antônio Francisco Lisboa, o Aleijadinho.

Na música sacra, destacaram-se o padre Maurício Nunes Garcia e José Joaquim Lobo de Mesquita.

Com o passar dos anos, muitos artistas, músicos, escultores, arquitetos, poetas se dedicaram a construir igrejas, imagens e louvores à Mãe de Deus. Uma cultura surgiu, cresceu e se corporificou, demonstrando o amor de um povo a sua Mãe Celeste. Amor que se expressa também nos nomes de muitas mulheres. As plebeias, as princesas, as ricas, as pobres, todas as Marias se orgulham de seu nome. E um número imenso de pessoas, homens e mulheres, carregam ao peito as medalhas de Maria Santíssima e a colocam em sua casa, em imagens e quadros e em seu cotidiano e em seu coração.

É por tudo isso que Maria Santíssima está associada à história do Brasil, a nossa cultura, a nossa vida.

1

Nossa Senhora da Esperança e o Descobrimento do Brasil

As grandes navegações no século XV e o alvorecer do século XVI foram um marco do fim da Idade Média.

O infante Dom Henrique, com sua Escola Naval em Sagres, contribuiu de forma decisiva para os grandes descobrimentos. Buscava-se o caminho das Índias, contornando a África, mas também havia esperança de chegar ao oriente, navegando rumo ao ocidente. Os novos portulanos mostravam a esfericidade da terra. Criavam-se modernos aparelhos náuticos.

Em 1492, o genovês Cristóvão Colombo, navegando rumo a oeste, descobriu novas terras para os monarcas de Castela. Seis anos após, Vasco da Gama, navegador português, conseguiu chegar às Índias, contornando o sul do continente africano.

Em 1500, Dom Manuel, o Venturoso, escolheu um fidalgo de sua confiança, Pedro Álvares Cabral, senhor de Belmonte e Alcaide Mor de Azurara, para empreender nova viagem ao Oriente. Queria assegurar, para Portugal, o comércio das Índias.

Precedeu a partida de Pedro Álvares um cerimonial grandioso na praia do Restelo: uma missa oficiada pelo bispo Diogo Ortiz, com a audiência do rei Dom Manuel e de toda a corte portuguesa. A frota constituída de treze naus zarpou no dia nove de março.

O senhor de Belmonte era devoto de Nossa Senhora da Esperança, venerada naquela cidade, e possuía uma réplica da Santa. Religioso, trouxe consigo, na viagem, a imagem de sua protetora, rogando que o ajudasse e o amparasse em seu empreendimento.

E realmente fez uma afortunada viagem! Afastando-se das costas da África, devido às calmarias, com pouco mais de um mês de travessia, no dia vinte e dois de abril, a esquadra avistou um monte que batizaram de Monte Pascoal.

Pedro Álvares descobrira um grande continente, mas não teve consciência do tamanho de seu feito.

O país descoberto por Cabral veio a se chamar Brasil.

Nossa Senhora da Boa Esperança continua sendo venerada na cidade de Belmonte. Em nosso país também existem igrejas consagradas à Senhora da Esperança.

2

O sonho de Catarina

Em 1500, quando a esquadra de Pedro Álvares Cabral chegou ao Brasil, viu que a terra descoberta era habitada por homens que viviam na selva e que, erroneamente, Colombo, oito anos antes, chamara de índios, pensando que havia chegado às Índias.

Agrupavam-se em nações, sendo as de maior destaque as dos Tupis-Guaranis e as dos Gês ou Tapuias. Cada nação compreendia várias tribos, algumas mais dóceis, outras mais ferozes, sendo algumas antropófagas.

Os Tupis e Tapuias localizavam-se no litoral. Os demais grupos viviam na proximidade do rio Xingu.

As tribos mais importantes do grupo Tupi-Guarani eram: a dos Tamoios, no atual estado do Rio de Janeiro; a dos Tupinambás e Tupiniquins, na Bahia; a dos Carijós, entre Santos e Rio Grande do Sul; a dos Caetés, em Pernambuco; a dos Potiguaras, no Rio Grande do Norte e Paraíba; e a dos Guajajaras, no Maranhão.

A nação dos Tapuias compreendia também diversas tribos, destacando-se a dos ferozes Aimorés, ao norte do Espírito Santo e ao sul da Bahia; a dos Botocudos; e a dos Xavantes.

Esses selvagens andavam nus ou cobertos por algumas penas. Eram nômades e viviam sobretudo da caça e pesca. As mulheres plantavam mandioca e milho. Sua casa, feita de palha, denominava-se oca. Essas ocas se agrupavam em círculo, em torno de um pátio onde celebravam seus rituais.

Acreditavam em uma divindade suprema, denominada Tupã, e ainda adoravam o sol, que chamavam de Guaraci, a lua, de Jaci, e o amor, chamado Perudá ou Rudá.

O trovão (tupã-cununga) e o raio (tupã-beraba) eram objetos de medo, mas não de admiração. Também acreditavam em entidades que colorem nosso folclore: Anhangá, Caapora, Curupira e Saci-pererê, dentre outros.

Em 1509, Diogo Álvares Correia, natural de Viana, norte de Portugal, veio para o Brasil em uma expedição de caráter comercial. O navio em que estava naufragou na Baía de Todos os Santos. O único sobrevivente foi Diogo, que se escondeu dos antropófagos tupinambás em uma loca de pedra à beira-mar, por isso recebeu o nome de Caramuru, um peixe em forma de cobra, que vive nesses locais. Vendo-o sair, uma das índias o protegeu, pedindo que não o matassem.

Nos restos do navio destroçado, Diogo Álvares achou um arcabuz e derrubou com um tiro um pássaro no voo, diante dos selvagens reunidos na praia. Estes, atônitos, prostraram-se em terra e passaram a reverenciá-lo, chamando-o de deus do trovão.

A partir desse episódio, o navegante português passou a ser respeitado pelos tupinambás, permaneceu entre eles e casou-se com Paraguaçu, filha do cacique Taparica.

Caramuru e Paraguaçu fixaram morada na boca da baía, hoje, Vila Velha.

Em março de 1531, Martim Afonso de Souza, que viera de Portugal com a finalidade, entre outras, de patrulhar as costas brasileiras, encontrou-se com Caramuru na Baía de Todos os Santos.

Cinco anos após o encontro com Martim Afonso, Caramuru foi feito Cavaleiro Real de Portugal, graças à ajuda que prestara ao primeiro donatário da Capitania da Bahia, Francisco Pereira Coutinho.

Em março de 1549, chegou ao Brasil o primeiro Governador-Geral, Tomé de Souza. Foi o representante do rei de Portugal muito bem recebido por Caramuru, que o hospedou em sua casa e continuou prestando inestimável ajuda ao governador, colaborando na fundação da cidade de Salvador.

Diogo Álvares empreendeu uma viagem à França e levou sua esposa. Na Europa, Paraguaçu foi batizada de Catarina, nome escolhido por sua madrinha, Caterine de Granches, mulher de Jacques Cartier, o célebre navegador.

De volta ao Brasil, uma noite, Catarina disse ter sonhado com uma bela e doce senhora. No dia seguinte, os índios acharam na praia uma caixa, relíquia de algum naufrágio, em que continha a imagem da Virgem Maria. Deslumbrada, Catarina a reconheceu como a senhora de seu sonho.

Diogo Álvares construiu perto de sua casa uma ermida de taipa, onde a colocou e deu-lhe o nome de Nossa Senhora da Graça, porque dias antes, não longe dali, havia naufragado uma embarcação, cujos tripulantes haviam se salvado. Muitos historiadores creem que essa tenha sido uma das primeiras igrejas construídas no Brasil.

Caramuru prosseguiu ajudando o governador e as pessoas que ali naufragavam e precisavam de auxílio. Reconstruiu a igrejinha, com pedra e cal. Infelizmente morreu cedo, em 1557. Seu nome foi retratado no poema épico de Santa Rita Durão, em 1781. Catarina viveu até 1583, tornando-se uma das mais distintas senhoras da Bahia. Seus restos mortais estão no Santuário de Nossa Senhora da Graça, ampliado e remodelado no século XVIII.

No século XIX houve uma reconstituição artística na sacristia desse templo, que mostra Catarina ajoelhada, olhando para o céu, onde se vê a Senhora da Graça com o Menino Jesus ao colo.

3

José de Anchieta e o poema à Virgem

O noviço de 19 anos da Companhia de Jesus, José de Anchieta, nascido em 19 de março de 1534, veio para o Brasil, em 1553, com o segundo governador-geral, Duarte da Costa.

Esse frei tinha um problema nas costas, mas, apesar de sua dor física, prestou um serviço inestimável ao Brasil. Em companhia do padre Manuel da Nóbrega, ajudou a criar o colégio de São Paulo, nas planícies de Piratininga, o qual deu origem à cidade de São Paulo. A cidade de Itanhaém no litoral paulista é conhecida como "Terra de Anchieta" por causa da presença do famoso jesuíta durante muitos anos na época. O religioso andou por todo o litoral paulista, catequizando índios, ensinando e batizando.

Aprendeu a língua dos silvícolas e criou uma gramática em tupi-guarani que foi de grande ajuda nos primórdios da colonização brasileira. Apesar de toda a sua inteligência e cultura, desempenhava serviços humildes, como sapateiro (confeccionava sandálias para os franciscanos), costureiro, enfermeiro e cavouqueiro.

Deve-se a seus esforços a abertura do caminho sinuoso na serra, "a estrada do padre José", ligando o planalto de Piratininga a São Vicente.

Em 1555 os franceses invadiram o Brasil e ergueram um forte na baía de Guanabara. Pretendiam desestabilizar a colonização portuguesa e se apossarem do Brasil.

Um ano antes, os índios Tamoios haviam se unido aos Tupinambás e criado a famosa "Confederação dos Tamoios" para se defenderem dos colonizadores portugueses que tomavam suas terras e os escravizavam.

Os franceses aproveitaram a situação e se uniram aos confederados para estabelecer a "França Antártica" na baía de Guanabara.

Urgia conseguir a paz!

Nóbrega e Anchieta se ofereceram ao governador Mem de Sá, para falar com os selvagens e tentar um acordo. Partiram os padres para Iperoig e, após 13 dias de cansativa viagem em um navio, chegaram aos chefes dos Tamoios. Embora os indígenas os tenham tratado mal, Anchieta falou com eles em tupi-guarani, com muita mansidão, e os acalmou; mas mesmo assim os caciques exigiram falar com o representante das forças portuguesas.

Partiram então Nóbrega, o cacique Cunhambeba e outros índios a fim de estabelecerem as condições para o fim do litígio.

José de Anchieta ficou refém dos Tamoios. Permaneceu três meses entre os selvagens e, nesse tempo, escreveu, na areia da praia, um poema em latim dedicado à Virgem Maria, decorou todos os versos (5.172) que só puderam ser escritos após o cativeiro. Esse poema permaneceu mais de um século manuscrito e só em 1663 foi publicado pela primeira vez. Já a Confederação dos Tamoios se tornou um poema épico no século XIX sob a pena de Gonçalves de Magalhães.

Anchieta faleceu em junho de 1597 com 63 anos, dos quais 43 e meio passou no seio das florestas brasileiras.

Por seu magnífico trabalho, é conhecido como "Apóstolo do Brasil". Beatificado pelo papa João Paulo II, em 1980, foi canonizado, em 2014, pelo papa Francisco.

4

Nossa Senhora da Ajuda

Em 1549, chegou ao Brasil Tomé de Souza, primeiro governador-geral da Colônia. Com ele vieram alguns jesuítas que logo levantaram uma rústica Capela onde foi colocada a imagem de Nossa Senhora da Ajuda, que viera de Portugal, na esquadra de Tomé de Souza, na caravela, denominada Nossa Senhora da Ajuda.

Com a chegada do primeiro bispo, D. Pedro Fernandes Sardinha, cederam-lhe a capela, que foi remodelada, tornando-se, em 1597, a Sé da Bahia.

A invocação de Nossa Senhora da Ajuda era muito comum em Portugal, especialmente entre os marinheiros, talvez devido à pequena ermida da Ajuda existente na praia do Restelo, em Lisboa, que abrigava a milagrosa imagem ali encontrada.

Logo após erguerem a capela em Salvador, os jesuítas construíram outra em Porto Seguro. Trabalhavam os padres da Companhia de Jesus com muita fadiga e muito esforço porque não havia água no local. Eles imploravam a ajuda da Mãe de Deus, quando um dia, durante a celebração da missa, começou a brotar uma água límpida e abundante junto a uma árvore próxima.

A pequena igreja da Ajuda é o primeiro Santuário Mariano do Brasil. Fica em Arraial d'Ajuda, um lugar belíssimo, muito visitado por turistas e tombado pelo IPHAN.

Em 1595, foi construída uma capela a Nossa Senhora da Ajuda também na Bahia, na cidade de Cachoeira, que tem o status de "Cidade Monumento Nacional" devido a seu casario barroco, suas igrejas e seus museus.

Em Minas Gerais, a cidade de Três Pontas abraçou com carinho Nossa Senhora da Ajuda como sua padroeira.

5

Nossa Senhora da Conceição

Imaculada Conceição de Maria significa que Maria Santíssima foi concebida sem pecado original, ou seja, ela é toda santa, cheia de graça, desde o momento de sua concepção. Seu dogma foi proclamado pelo papa Pio IX, em 1854, mas os católicos já a consideravam Imaculada.

Em 1640, Dom João IV, primeiro rei da Dinastia dos Bragança, oficializou seu culto em Portugal e, seis anos depois, dedicou à Virgem Imaculada o reino português.

A primeira igreja no Brasil dedicada a ela foi a pequena ermida de Itanhaém. Martim Afonso de Souza, donatário da capitania de São Vicente, fundou, em 1532, a povoação de São Vicente e, depois de três meses, a de Itanhaém, sendo, portanto, essas as duas primeiras cidades brasileiras. A última foi elevada à condição de Vila, em 1561, recebendo nome de "Vila Conceição de Itanhaém".

São José de Anchieta era devoto fervoroso da Virgem Imaculada e levava sua imagem em suas andanças pelo Brasil.

Na Bahia, esse culto teve início em 1549, quando o primeiro governador-geral, Tomé de Souza, chegou a Salvador com uma escultura da santa. Foi construída uma ermida na praia. Em 1765, ela foi substituída por uma edificação mais sólida.

A Igreja de Nossa Senhora da Conceição da Praia é uma das mais populares da capital baiana, e sua festa, celebrada no dia 8 de dezembro, é uma das mais concorridas. Além da missa cantada precedida de novena e festejos na praça, com barracas e pratos típicos, ela é alegrada por exibições de samba e capoeira, porque seu culto é sincretizado com o de Iemanjá, a rainha do Candomblé.

Essa igreja possui um altar de prata maciça e o maior conjunto sonoro do país com 16 sinos, sendo 9 de carrilhão.

Nossa Senhora da Conceição da Praia foi proclamada, em 1971, a padroeira oficial do estado da Bahia.

No estado do Rio de Janeiro temos a lendária Nossa Senhora da Conceição de Angra dos Reis, cuja imagem, passando por aquele porto, acabou ali permanecendo definitivamente.

É muito difundida em todo o Brasil essa devoção. Existem mais de quinhentas paróquias dedicadas à Virgem Imaculada. Grande parte delas encontra-se em Minas Gerais e foi construída no século XVIII.

Paulo Kruger Corrêa Mourão, em seu belíssimo livro: As Igrejas Setecentistas de Minas Gerais, explana a razão desse fato. Segundo ele, a Companhia de Jesus (Jesuítas) tinha como uma de suas metas embargar a marcha do protestantismo. Lutero negara a Imaculada Conceição de Maria, que os católicos insistiam em afirmar de modo altissonante. Era natural que essa reação se fizesse sentir nas artes plásticas, especialmente no estilo barroco, que no século XVII surgiu na Europa. Com bastante atraso, essas ideias da Europa chegaram à Colônia e às Minas do Ouro onde surgiram muitas matrizes dedicadas a Nossa Senhora da Conceição. O fato de Portugal ter a Virgem

Imaculada como padroeira contribuiu também para que essa devoção se difundisse no Brasil.

Entre os templos mais interessantes de Minas Gerais, não podemos deixar de mencionar os de Nossa Senhora da Conceição de Antônio Dias (Ouro Preto), da autoria de Manuel Francisco Lisboa, pai do Aleijadinho, onde nosso genial artista trabalhou e foi enterrado; Nossa Senhora da Conceição de Sabará, que parece ter sido a primeira matriz daquela cidade; Nossa Senhora da Conceição de Catas Altas, de Mariana, de Mato Dentro, de Congonhas do Campo, de Piranga e do Serro.

No Sul de Minas, na belíssima Serra da Mantiqueira, situa-se Pouso Alto, uma cidade centenária e histórica, cuja protetora é Nossa Senhora da Conceição. Segundo a tradição, bandeirantes paulistas, no fim do século XVII, em suas andanças à cata de ouro, dormiram no alto de uma colina que denominaram "O pouso no alto", que veio a ser Pouso Alto. Foi construída uma pequena capela nesse local. Em 1752, foi criado o curato de Nossa Senhora da Conceição dos Pousos Altos. Hoje, a bela matriz, do alto da colina, parece abençoar a bucólica cidade do Sul de Minas.

Após ter sido protetora da Nação Brasileira no período colonial, Nossa Senhora da Conceição foi proclamada pelo imperador Pedro I como padroeira de nosso país.

Nossa Senhora da Conceição é retratada da seguinte forma: em pé sobre o globo terrestre, esmagando com os pés uma cobra, símbolo do pecado original; ela tem as mãos juntas em atitude de oração e os cabelos longos sob os ombros. Usa uma túnica branca e um manto azul.

Santa Dulce dos Pobres

No dia 13 de março de 1914 nascia em Salvador, na Bahia, uma menina que veio ao mundo para torná-lo melhor.

Desde muito jovem, em casa paterna, ajudava os necessitados. Ela se chamava Maria Rita e pertencia a uma família bondosa e religiosa.

Mais tarde, tornou-se freira com o nome de Irmã Dulce, em homenagem a sua mãe, senhora Dulce Maria de Souza Brito. Ingressou na Congregação das Irmãs Missionárias da Imaculada Conceição da Mãe de Deus.

Como freira, criou e auxiliou várias instituições filantrópicas. Uma das mais importantes é o Hospital Santo Antônio.

Por suas ações de amor e fraternidade, recebeu a alcunha de "Anjo Bom da Bahia". Suas obras de caridade ganharam repercussão pelo mundo.

Morreu em 1992. Em 2011, foi beatificada e, em 13 de outubro de 2019, canonizada pelo papa Francisco, com o título de Santa Dulce dos Pobres, sendo a primeira santa nascida no Brasil.

Seu corpo foi sepultado na Basílica de Nossa Senhora da Conceição da Praia e depois transferido para a Capela do Hospital Santo Antônio.

6

Nossa Senhora do Carmo

A devoção a Nossa Senhora do Carmo teve origem no Monte Carmelo na Palestina, onde foi fundada a Ordem dos Carmelitas. Essa agremiação religiosa mais tarde se transferiu para a Europa, sob a denominação de Irmãos de Nossa Senhora do Monte Carmelo.

A Ordem Carmelita se divide em três diferentes tipos de família Carmelita: os Frades, as Freiras de Clausura e os Leigos. Os últimos, entre suas finalidades, divulgam o escapulário, que beneficia quem o usa com a proteção de Maria.

Existem dezenas de igrejas no Brasil dedicadas à Virgem do Escapulário, e o primeiro Convento do Carmo em nosso país é o de Olinda, fundado em 1584. Seis anos mais tarde, os Carmelitas se estabeleceram em Salvador.

No sul do país, os Carmelitas também se estabeleceram nos primórdios da colonização brasileira. Chegaram a Santos, onde fundaram um convento em 1589.

Os padres do Monte Carmelo participaram de diversas bandeiras e levaram a devoção à Virgem do Escapulário para Minas Gerais. Sob a proteção de Nossa Senhora do Carmo, nasceu a primeira Vila de Minas, futura Mariana, primeira cidade e a primeira capital do estado aurífero, de onde se extraiu maior quantidade de ouro do século XVIII.

Merece destaque por sua riqueza e por razões históricas a Igreja de Nossa Senhora do Carmo da cidade de Diamantina, construída na segunda metade do séc. XVIII e financiada pelo contratador de diamantes João Fernandes de Oliveira, amante de Chica da Silva. O interior desse templo, que é um dos mais belos da cidade, tem várias pinturas no forro com obras de José Soares de Araújo, Manuel Pinto e Antônio Francisco Lisboa (o Aleijadinho). Destaca-se o órgão que até hoje está em funcionamento e, vez ou outra, é tocado por músicos que se apresentam na igreja.

A torre, construída nos fundos da igreja, é um detalhe raro. Dizem que foi uma exigência de Chica da Silva para ajudar seus irmãos de cor: os escravos só podiam adentrar as igrejas até o local onde se situava a torre, ou seja, apenas perto da porta de entrada. Então Chica, muito inteligente, pediu a João Fernandes que a torre fosse situada na parte posterior do templo. Com essa medida, ela burlou a lei dos brancos, e os negros puderam entrar na Igreja do Carmo.

Nossa Senhora do Carmo é padroeira do Forte Coimbra no Mato Grosso, devido a milagrosos fatos ocorridos nesse local durante a guerra do Paraguai, assim narrados por Nilza Botelho Megale:

> Em 1864, apresentou-se, diante da decadente e vulnerável praça brasileira, o Coronel Vicente Barrios, com treze navios equipados e três mil e duzentos homens de armas, decididos a subjugar a velha e fraca guarnição. Ante a ameaça e o fogo dos paraguaios, o comandante Hermenegildo reuniu apressadamente os seus soldados preparando-se para defender a fortaleza. Enquanto isso Dona Ludovina, esposa do coronel, dirigia a resistência moral e psicológica da tropa, implorando socorro de Nossa Senhora do Carmo. Os soldados, cheios de

> fé na Virgem Maria, lutaram como leões conseguindo afastar as hostes inimigas, e suas mulheres os ajudaram manufaturando cartuchos de pólvora, para os quais chegaram a rasgar suas próprias saias, na falta de papel.
>
> No dia seguinte, novo assalto surpreendeu a guarnição exausta e desesperada. Num gesto decidido, Dona Ludovina ordenou a um dos praças que subisse no alto da muralha, expondo a imagem da Santa Padroeira à contemplação dos assaltantes. Surpreendidos, os devotos paraguaios baixaram os fuzis e, movidos por instintivo sentimento religioso, deram vivas a Nossa Senhora do Carmo. Na calada da noite, quando os inimigos se afastaram para uma trégua, os brasileiros, impossibilitados de enfrentar novo combate, retiraram-se sem serem pressentidos, levando consigo a bordo da canhoneira Anhambaí a imagem da Celestial Protetora que lhes garantiu uma feliz retirada sem a perda de um só homem.

No Rio de Janeiro, na Praça XV, foram construídas, lado a lado, uma igreja da Ordem Terceira e outra dos Carmelitas. A Matriz do Carmo foi palco de marcantes eventos de nossa história: a aclamação de Dom João VI como rei, em 1818, as coroações de Pedro I e Pedro II como imperadores e o casamento de vários nobres da família real, como o dos imperadores e da princesa Isabel, que ali também foi batizada.

A Matriz do Carmo, com a vinda do príncipe regente Dom João para o Brasil, foi transformada em Capela Real. Lá o povo carioca pôde admirar os magníficos sermões de Frei Francisco de Mont'Alverne e ouvir maravilhados as místicas e suaves melodias do maior músico brasileiro do período colonial, o padre José Maurício Nunes Garcia.

A Igreja de Nossa Senhora do Carmo da antiga Sé começou a ser construída, em 1755, e foi inaugurada, em 1761, sendo oficialmente a Catedral da cidade até 1979, quando foi substituída pela nova Catedral de São Sebastião.

Em 1941, a igreja foi tombada pelo Instituto do Patrimônio Histórico e Artístico Nacional e totalmente restaurada entre 2006 e 2008.

O interior da igreja é em estilo Rococó, magnificamente talhado em madeira, na cor dourada e branca, por Inácio Ferreira Pinto, contemporâneo de mestre Valentim. O teto da capela-mor é criação de José de Oliveira Rosa, e o artista José Leandro de Carvalho pintou os doze apóstolos. Sinos muito antigos também compõem esse tesouro de valor incalculável.

Em um jazigo, que fica abaixo da capela do Santíssimo, encontram-se depositados, desde 1903, em uma urna de chumbo, parte dos restos mortais de Pedro Álvares Cabral.

São inúmeras as igrejas consagradas a Nossa Senhora do Carmo no Brasil. Várias delas são tombadas pelo IPHAN:

No Pará: Igreja de Nossa Senhora do Carmo.

No Maranhão: Igreja e Convento Nossa Senhora do Carmo.

No Piauí: Matriz de Nossa Senhora do Carmo em Piracuruca.

Em Pernambuco: Igreja e Convento Nossa Senhora do Carmo.

Em Sergipe: Igreja da Ordem Terceira Nossa Senhora do Carmo.

Na Bahia: Igreja e Casa de Oração da Ordem Terceira do Carmo, Igreja Nossa Senhora do Carmo e Igreja da Ordem Terceira do Carmo.

Em Minas Gerais: Igreja de Nossa Senhora do Carmo em Diamantina, São João Del-Rei e Ouro Preto.

Em São Paulo: Igreja da Ordem Terceira do Carmo, no Centro da capital, e Igreja da Ordem Terceira do Carmo em Santos.

A Basílica de Nossa Senhora do Carmo em Campinas é patrimônio cultural da cidade.

7

Nossa Senhora da Penha

Na Espanha, província de Salamanca, situa-se o Santuário mais alto do mundo, a 1.723 metros. Está edificado em um maciço rochoso, que, por razões históricas, é conhecido como Penha de França.

Esse Santuário teve origem em 1434, quando um monge chamado Simão Vela construiu nesse local uma tosca ermida. Esse Frade havia sonhado com Nossa Senhora que lhe apareceu no topo da escarpada montanha.

Essa devoção passou a Portugal e de lá foi trazida para o Brasil pelos colonizadores portugueses.

A primeira capela em honra de Nossa Senhora da Penha foi construída em Vila Velha, na capitania do Espírito Santo, entre 1558 a 1570.

Em 1535, chegou ao Brasil o donatário Vasco Fernandez Coutinho, fidalgo português que veio tomar posse de sua capitania à qual deu o nome de Espírito Santo. O fidalgo ficou muito assustado ao se deparar com a luta entre os colonos e os naturais da terra; assim mandou vir do reino padres para tentar pacificá-los. Entre os missionários, estava o espanhol Frei Pedro Palácio que trazia em sua bagagem um belíssimo painel de Nossa Senhora.

Ao desembarcarem, não notaram a ausência de Frei Palácio; após dois dias, encontraram-no em uma gruta, ao pé da montanha, onde havia colocado o painel da Virgem, convidando os fiéis à prece e à meditação.

Certo dia, os devotos não encontraram Frei Pedro nem o painel. Procuraram-no e o acharam no escarpado morro. Este lhes disse que estava procurando a pintura da Virgem que desaparecera. Começaram a busca e, após grande esforço, encontraram-na no cume da montanha. Reconduziram religiosamente o painel à gruta. Porém, depois de certo tempo, ele tornou a desaparecer e foi achado novamente no píncaro do penhasco.

Frei Pedro concluiu que a Virgem queria ficar no alto do morro e iniciou nesse lugar a construção de uma ermida. Mesmo velho e alquebrado, carregou os primeiros materiais até o local da capela.

A igreja foi inaugurada no dia 1º de maio de 1570, e, enquanto celebravam com foguetes e manifestações de alegria dos devotos que ali estavam, subia ao céu a alma de Frei Pedro Palácio que morreu tendo realizado a vontade de Nossa Senhora da Penha.

A ermida situa-se a 147 metros acima do nível do mar. Em seu interior, encontra-se o painel trazido de Portugal por Frei Palácio e a imagem de Nossa Senhora trazida para o Brasil, em 1570.

Reformada mais tarde, foi ampliada com um convento e tombada pelo IPHAN, em 1943. Construído no alto de um penhasco, o convento lembra os mosteiros medievais fortificados.

Em São Paulo, no bairro da Penha, há duas igrejas dedicadas a Nossa Senhora da Penha.

A região onde hoje se situa o bairro da Penha serviu de assentamento, por sua localização, aos jesuítas Manuel da Nóbrega e José de Anchieta logo após fundarem o Pátio do Colégio de Piratininga. Tribos indígenas e colonizadores buscavam também esse lugar para se estabelecer e trabalhar. Era ainda um ponto de parada estratégico para os bandeirantes que se deslocavam entre São Paulo, Vale do Paraíba, Rio de Janeiro e Minas Gerais. Desde o Tatuapé às divisas de São Miguel e Guarulhos, estendia-se uma imensa fazenda, cujo dono era Mateus Nunes de Siqueira. A casa grande foi construída em 1650 junto ao córrego do Tatuapé. Ali se iniciou a fazenda, e ao redor foram construídas as casas dos colonos. No topo da colina, foi edificada uma capela onde hoje se encontra o Santuário Eucarístico Nossa Senhora da Penha, também chamado de Igreja Velha.

Os documentos oficiais registram o ano de origem da igreja como sendo 1668, mas existem indícios de que ela pode ser ainda mais antiga. Esse ano está registrado como a data em que Mateus Nunes de Siqueira teve a sesmaria concedida, já que queria expandir a capela que havia construído no local por motivos religiosos. Isso leva a crer que, antes dessa data, a capela já existia e vinha cada vez mais angariando fiéis. A reforma e expansão ocorreram em 1683, sob o comando do Padre Jacinto Nunes de Siqueira, irmão do fundador da igreja.

No século passado, em 1957, foi lançada a pedra fundamental da nova igreja, Basílica Nossa Senhora da Penha. Ela foi construída para abrigar os fiéis e peregrinos, cada ano em maior número. É muito bonita e comporta até sete mil pessoas.

Os viajantes que chegam ao Rio de Janeiro, quando passam pelo elevado, avistam, ao lado direito sobre o penhasco, a secular Igreja da Penha. Até pouco tempo, para chegar a essa ermida, era necessário subir uma escadaria de 365 degraus. Hoje, há um sistema de bondes que facilitou a chegada ao belíssimo santuário.

A festa de Nossa Senhora da Penha é comemorada no mês de outubro com músicas e homenagens à Virgem Maria.

Além de um local de oração, essa igreja é um dos pontos turísticos do Rio de Janeiro, pois lá do alto o visitante tem uma vista magnífica de parte da Cidade Maravilhosa.

8

Nossa Senhora de Belém

Em 1612, comerciantes franceses, contando com o incentivo de seu monarca, tentaram estabelecer uma colônia no Brasil no Estado do Maranhão, a França Equinocial. Comandados por Daniel de La Touche, fundaram o Forte São Luiz, em homenagem ao Rei da França. Esse forte deu origem à cidade de São Luiz, hoje, capital do Estado.

Temerosos de perderem a região do Grão Pará, portugueses e espanhóis resolveram garantir o monopólio da área. Assim, em 1615, partiram três navios de São Luiz e cento e cinquenta homens para ocupar a Amazônia. O comandante era Francisco Caldeira Castelo Branco, que ergueu na Baía de Guajará o Forte do Presépio, fundando uma povoação que recebeu o nome de Santa Maria de Belém do Grão Pará.

Nossa Senhora de Belém, há muitos anos, era cultuada em Portugal. No século XV, o infante Dom Henrique havia construído na praia do Restelo, em Lisboa, uma igreja dedicada àquela invocação.

Essa ermida, mais tarde, foi transformada no suntuoso mosteiro, conhecido atualmente como "Os Jerónimos", uma das obras-primas da arquitetura manuelina.

Hoje, Santa Maria de Belém é a protetora da cidade de Belém do Pará.

A imagem de Nossa Senhora de Belém se encontra em uma das mais belas igrejas do Brasil Colonial, e sua festa é comemorada no dia primeiro de setembro. Nessa data, recorda-se o nascimento de Jesus em Belém de Judá, a visita dos pastores e Reis Magos e o fato de Jesus ter nascido em uma simples manjedoura.

Nossa Senhora de Belém é também venerada em várias outras cidades do Brasil.

9

Nossa Senhora da Soledade

A Virgem Dolorosa recebe a denominação de Senhora da Soledade, bela palavra, que significa solidão, tristeza e saudade.

Seu culto propagou-se de maneira especial no Sul da Espanha e de lá foi trazido para o Brasil, estabelecendo-se em Salvador, no início do século XVIII. Foi fundada uma igreja em sua honra no início do século e, depois de alguns anos, foi fundado um convento. Atualmente, no largo, ao lado do mosteiro, pode-se admirar a estátua da heroína das lutas pela independência do Brasil: Maria Quitéria.

Essa devoção também se espalhou em Minas Gerais. No Sul do estado, existem três paróquias dedicadas a Ela nas cidades: Soledade de Minas, Delfim Moreira e Itajubá.

Por volta de 1703, o bandeirante paulista Miguel Garcia Velho descobriu ouro na Serra da Mantiqueira, ao lado do Rio Santo Antonio, quase em frente a uma cachoeira. Por ali permaneceu durante alguns anos. O local, onde se formou um arraial e Nossa Senhora era venerada, recebeu o nome de Descoberto de Itagybá, nome tupi, que significa lugar onde as águas do rio caem das pedras. Entretanto o ouro tornou-se escasso, e a vida do povo ficou muito difícil. Com o falecimento do pároco local, D. João

VI nomeou um novo vigário para a povoação: o padre Lourenço da Costa Moreira.

Chegando ao local, ele ficou muito triste com a situação precária do povo e convocou seus paroquianos a se mudarem para outra localidade.

Assim, em março de 1819, desceu o rio Sapucaí e escolheu, à margem direita, um local bastante promissor para fundar a nova capela. No alto de uma colina chamada Ibitira construiu uma ermida de taipa. Nesse mesmo lugar, situa-se hoje a bonita Igreja Matriz de Nossa Senhora da Soledade.

O novo arraial desenvolveu-se rapidamente, e o vigário transferiu para Vila da Boa Vista do Sapucaí a sede da freguesia.

Quis trazer para a nova sede a imagem de Nossa Senhora da Soledade, mas, como o povo que permaneceu no Descoberto do Itagybá não concordou, padre Lourenço encomendou uma nova imagem na Europa.

O arraial de Descoberto de Itagybá mais tarde passou a ser chamado de Soledade de Itajubá, e, em 1938, seu nome foi mudado para Delfim Moreira, e a Vila da Boa Vista do Sapucaí ficou com o nome de Itajubá.

O importante é o amor e a atenção que ambas as cidades devotam a sua padroeira, cuja festa é comemorada no dia 15 de setembro.

10

Nossa Senhora dos Navegantes

A denominação Nossa Senhora dos Navegantes, conhecida como aquela que protegia os navegantes e os conduzia a um porto seguro, está ligada ao título de "Estrela do Mar".

Essa devoção remonta à Idade Média e se desenvolveu na época das grandes navegações. Antes da partida, os comandantes e marinheiros invocavam a proteção da Mãe de Deus nas perigosas jornadas pelo mar tenebroso.

Também chamada Senhora dos Mares e da Boa Viagem, é protetora também dos pescadores.

As igrejas a ela devotadas, geralmente, situam-se no litoral, especialmente na zona de pesca. No Brasil as encontramos: no Ceará, em Fortaleza perto da praia do Mucuripe; em Alagoas no litoral, no município de Japaratinga; no estado de São Paulo, em Cananeia e Santos; em Florianópolis, em Santa Catarina, na paróquia Nossa Senhora dos Navegantes e em Navegantes ao lado do Rio Itajaí-Açu; e no Rio Grande do Sul, em Porto Alegre.

Em todos esses lugares, a festa da padroeira é celebrada com animadas procissões marítimas ou fluviais, precedidas da embarcação que leva a Virgem Maria. Talvez por esse motivo Nossa Senhora dos Navegantes seja representada de pé, dentro de uma barca, tendo o Menino Jesus nos braços e na mão direita um ramalhete de flores. Os festejos mais fervorosos, que atraem todos os anos milhares de turistas, são os da capital gaúcha e os da antiga cidade de Cananeia.

Em Porto Alegre, a solenidade em honra a Nossa Senhora dos Navegantes é realizada no dia 2 de fevereiro. Trazida pelos primeiros povoadores açorianos, é uma linda festa: centenas de barcos deslizam pelo Guaíba, e os devotos vão atirando flores e guirlandas no rio, em oferenda à Protetora dos Navegantes.

Ignora-se a data da fundação de Cananeia. Sabemos que lá viveu o famoso Bacharel degredado, o Barão de Cananeia, que teve participação na colonização da região.

Como não se sabe a data precisa da fundação da cidade, comemora-se seu aniversário no dia da festa de Nossa Senhora dos Navegantes.

Em 15 de agosto, é feito um cortejo marítimo, com embarcações ornamentadas, precedidas pela imagem da padroeira. Enquanto os tripulantes entoam o hino, os humildes pescadores agradecem o amparo da Virgem Santa, que os protege contra os perigos que diariamente enfrentam no mar.

11

Nossa Senhora de Nazaré

Segundo a tradição, por volta de 1700, um caçador amazonense chamado Plácido, quando procurava água no Igarapé Murucutu, descobriu às margens uma pequena imagem de Nossa Senhora, recoberta por viçosa trepadeira, como se estivesse em um nicho natural. Piedoso, o caçador levou a imagem da Mãe de Deus para sua choupana à beira da estrada. A vizinhança logo acorreu para venerar aquela que foi identificada como Nossa Senhora de Nazaré, já cultuada no velho mundo.

Na vila de Nazaré, em Portugal, situado no alto de um penedo, encontra-se o santuário de Nossa Senhora de Nazaré, construído pelo fidalgo Dom Fuas Roupinho, que fora salvo da morte por um milagre dessa Santa.

A imagem encontrada por Plácido no meio da selva amazônica desapareceu de sua cabana alguns dias depois, indo localizar-se novamente no nicho onde fora encontrada. O Governo de Belém recolheu a imagem a sua sede com o intuito de protegê-la, porém ela retornou a sua gruta anterior. Compreendendo que queria permanecer naquele local, o governador mandou construir um pequeno abrigo para protegê-la das intempéries.

Aos poucos, os devotos foram divulgando as graças alcançadas pela Senhora de Nazaré.

Tendo falecido Plácido, coube a Antônio Agostinho a missão de propagar o culto da milagrosa Santa. Sem recurso em sua província paupérrima, ele conseguiu construir uma ermida de taipa coberta com rubim e ubuçu.

Em 1909, com o período áureo da borracha, foi levantada uma bonita igreja a Ela dedicada.

No segundo domingo de outubro, realiza-se o famoso Círio, a maior procissão do norte brasileiro, acompanhada por incalculável assistência de devotos do Brasil inteiro. Tem esse nome porque uma grande vela acesa é levada durante a procissão.

Não obstante o Círio de Nazaré de Belém ter ficado muito famoso, o primeiro templo da Virgem originária da Palestina, no Brasil, foi o de Saquarema, no litoral fluminense. Relatam as crônicas da época que, em 8 de setembro de 1630, houve uma noite tempestuosa, e o oceano rugia. O temporal derrubou árvores e, como por milagre, as pequenas choupanas dos pescadores se mantiveram em pé. Quando o mar se acalmou, tendo passado a chuva, os pescadores foram em busca de suas canoas e então encontraram uma imagem de Nossa Senhora, identificada como a Virgem de Nazaré.

Hoje, há uma bonita igreja dedicada a Ela, e todos os anos, em 8 de setembro, acontece a procissão do Círio.

Na região Norte, muitas cidades, inclusive as de Manaus, também comemoram a procissão do Círio.

Essa devoção está espalhada por todo o Brasil, em diversos estados.

Em Minas Gerais, existem duas igrejas consagradas a Ela e tombadas pelo IPHAN: a do distrito de Santa Rita Durão, em Mariana, e a Matriz de Nossa Senhora de Nazaré em Cachoeira do Campo, distrito de Ouro Preto. Em frente a este templo, existe um Cruzeiro onde, segundo a tradição, foi preso Filipe dos Santos, a mando do Conde de Assumar, como chefe da rebelião de Vila Rica, em 1720. Essa igreja é uma das mais belas dentre as igrejas históricas de Minas Gerais, uma verdadeira joia do primitivo barroco mineiro.

12

Nossa Senhora da Piedade

Nossa Senhora da Piedade é aquela que se apresenta com seu Divino Filho, morto nos braços, após o descimento da cruz. Esse é um tema comum na arte cristã que inspirou também os artistas renascentistas, especialmente Miguel Ângelo Buonarotti, que esculpiu quatro Pietás.

Uma das povoações mais antigas do Brasil colônia a ter Nossa Senhora da Piedade por padroeira foi Lorena, no estado de São Paulo. O povoado surgiu no fim do século XVII, como apoio aos bandeirantes e viajantes na travessia do Rio Paraíba do Sul, impulsionados pela cobiça do ouro, além da Serra da Mantiqueira.

Em 1709, três agricultores: Bento Rodrigues Caldeira, João de Almeida e Pedro da Costa Colaço, com apoio dos habitantes do lugar, construíram uma capela dedicada a Nossa Senhora da Piedade e, em 1718, a aldeia foi elevada à Freguesia de Nossa Senhora da Piedade.

De Lorena, seu culto foi levado a Minas Gerais pelos bandeirantes.

Um dos templos mais antigos de Ouro Preto é o de Nossa Senhora da Piedade, onde está registrado, na peanha da cruz, a data de 1720. É uma interessante igrejinha construída de canga e de fachada simples; porém a mesa da comunhão é artística, de madeira escura, com balaustrada em espiral e bolas.

Outra igreja antiga a ela consagrada é a da cidade de Barbacena. A escolha do terreno para a edificação do templo deu-se em 1711. No entorno, surgiu o arraial ou freguesia de Nossa Senhora da Piedade da Borda do Campo, atual Barbacena.

Em Brumadinho, a Igreja Matriz é consagrada a Nossa Senhora da Piedade e foi construída em 1713, sendo considerada o maior símbolo histórico, cultural e religioso do município.

A igreja mais famosa de Minas Gerais dedicada à Virgem da Piedade é a do alto da serra, próxima a Caeté.

Os fidalgos portugueses, Antônio da Silva Bracarena e Irmão Lourenço, fugiram de Portugal devido à perseguição do Marquês de Pombal. Irmão Lourenço foi para a Serra do Caraça e Antônio da Silva para a Serra do Caeté, hoje, Piedade.

Bracarena ficou deslumbrado com a beleza do lugar, pois do alto da montanha era possível vislumbrar um dos panoramas mais bonitos das alterosas de Minas.

Além da beleza, o que o levou a tomar a decisão de construir um templo no alto da serra foi ter tido conhecimento de um milagre ali acontecido há algum tempo: uma menina, muda de nascença, avistou por várias vezes do alto da montanha, aureolada de luz, a Virgem Maria trazendo nos braços seu Divino Filho morto e, após essas visões, principiou a falar corretamente.

Assim, o fidalgo construiu um eremitério no alto da serra e iniciou a construção de uma igreja. Nela existe uma imagem de Nossa Senhora da Piedade, esculpida em madeira de cedro do século XVIII, atribuída a Antônio Francisco Lisboa, o Aleijadinho, e é uma atração a mais para os milhares de peregrinos que vão ao Santuário orar e rogar por milagres à Virgem da Piedade.

A igreja só foi concluída em 1770, com a ajuda do povo, e a serra passou a ser chamada de Serra da Piedade. Após a morte de Bracarena, que foi sepultado no templo, embaixo do altar da Virgem, vários ermitões o sucederam, continuando a zelar por Nossa Senhora.

Mais tarde essa igreja foi restaurada pelo Patrimônio Histórico e Artístico Nacional.

Em 1958, o papa João XXIII proclamou Nossa Senhora da Piedade protetora de todos os mineiros. Contudo sua consagração oficial como Padroeira do estado de Minas Gerais deu-se a 31 de julho de 1960, na Praça da Liberdade, em Belo Horizonte, com a presença do Governador de Minas e autoridades civis, militares e religiosas.

O Santuário Basílica Nossa Senhora da Piedade, localizado a 48km da capital mineira e a 16km do município de Caeté, é um cenário de riquíssima beleza natural, no alto da montanha, a 1.746 metros de altitude. É ideal para reflexão, oração, encontro com Deus e propício para quem busca tranquilidade e a beleza da natureza.

Do alto do santuário, em dias claros, é possível ter-se uma das mais belas vistas das montanhas de Minas. São 360 graus de panorama, com 1.001 facetas da beleza que só a mãe natureza oferece de maneira tão generosa, inspirando a conduta humana.

Existem vária igrejas no Brasil dedicadas a Nossa Senhora da Piedade. Destacamos aqui:

A Igreja Matriz da Paróquia Nossa Senhora da Piedade de Campo Largo no estado do Paraná foi construída, em 1821, e é a quarta paróquia mais antiga da arquidiocese de Curitiba. A cidade de Piedade, em São Paulo, leva o nome de sua padroeira.

No começo do século XIX, diversas famílias vindas de localidades vizinhas, especialmente de Sorocaba, estabeleceram-se às margens do Rio Pirapora, formando um pequeno povoado que tinha em Vicente Garcia, homem enérgico e empreendedor, um autêntico chefe. Segundo testemunho de contemporâneos, entre os anos de 1831 e 1835, um mascate doou-lhe uma imagem de Nossa Senhora da Piedade. Para seu louvor, apressou-se a construir uma capela, que foi abençoada, no dia 20 de maio de 1840, por Dom Manuel Joaquim Gonçalves de Andrade, Bispo de São Paulo. Fixou-se nessa data o dia da fundação da cidade de Piedade. A imagem, que foi doada a Vicente Garcia, pertence ao grupo das imagens confeccionadas em barro cozido pelos Mestres Santeiros Paulistas (século XVII) que foram os precursores da chamada arte Barroca Colonial, entre os quais se destaca Frei Agostinho de Jesus e seus discípulos Mestres Santeiros; no caso dessa imagem, possivelmente, um Mestre de Sorocaba.

Nossa Senhora aparece sentada algumas vezes em frente à cruz e tem Jesus Cristo morto em seu colo. Segura com a mão direita o corpo inerte de seu Divino Filho. Ela não usa coroa, aparecendo apenas uma auréola em torno de sua cabeça e seu olhar demonstra simultaneamente angústia e tristeza.

13

Nossa Senhora da Vitória

A invocação de Nossa Senhora da Vitória já existia em Portugal desde o tempo de Dom João I, quando esse Rei, grato à Virgem Maria pela vitória alcançada em Aljubarrota contra os Castelhanos, mandara construir um mosteiro e um templo real no próprio local onde se dera o combate. Aquele Santuário, talvez o mais belo em estilo gótico português, recebeu o nome de Santa Maria da Vitória, porém é conhecido hoje em dia como "A Batalha", que é, sem dúvida, uma das obras-primas da arquitetura religiosa lusitana.

Quando, em 1571, a esquadra cristã conseguiu afastar os muçulmanos da Europa, e o papa Pio V deu à Virgem Maria o título de Nossa Senhora da Vitória, já existiam, no longínquo Brasil, dois Santuários dedicados a essa devoção: o de Salvador e o da capital do Espírito Santo. Também, no nordeste brasileiro, Nossa Senhora já era venerada em várias vilas, que datam do início da colonização de nosso país. Oeiras, antiga capital do Piauí, nasceu em torno da capela de Nossa Senhora da Vitória, em 1697.

Em São Luiz do Maranhão, existe uma lenda, segundo a qual, na guerra contra os holandeses, invasores do Brasil, Nossa Senhora apareceu no outeiro da cruz, transformando em pólvora a areia branca da estrada, o que permitiu a vitória dos brasileiros contra os soldados flamengos. Em agradecimento, a catedral dessa capital foi a Ela dedicada. É uma igreja muito bonita que tem o estilo barroco em seu interior. Externamente, entre as duas torres, existe uma imagem de Nossa Senhora da Vitória.

Em Vitória da Conquista, na Bahia, a catedral é dedicada à Virgem da Vitória.

Em Minas Gerais, no município de Coronel Fabriciano, também existe uma Igreja de Nossa Senhora da Vitória.

Em Ilhéus, existe uma Paróquia dedicada a Nossa Senhora das Vitórias cuja letra S aparece porque sua origem é francesa, portanto sua iconografia é um pouco diferente. Até hoje, no dia 15 de agosto, a Padroeira é festejada com missas na colina sagrada do templo e procissões acompanhadas de solenidades, nas quais se destacam as belas imagens do século XVII.

Na Baía de Todos os Santos, portugueses e indígenas viviam, no início do século XVI, em perfeita harmonia sob a direção de Caramuru. Entrementes, quando o donatário Francisco Pereira Coutinho chegou, enviado pelo Rei de Portugal, os colonos lusos começaram a provocar os indígenas, o que deflagrou uma verdadeira guerra entre silvícolas e portugueses. Em uma renhida batalha entre lusitanos e indígenas, os primeiros, desesperados, recorreram à proteção da Virgem Maria e conseguiram derrotar o inimigo. Em agradecimento, deram-lhe o título de Senhora da Vitória e construíram uma igreja em sua homenagem, a primeira paróquia e matriz da Bahia.

Quando o primeiro governador-geral, Tomé de Sousa, aportou no Brasil e fundou a cidade de Salvador, já encontrou a Capela da Vitória. Essa Igreja, reconstruída várias vezes, conserva a fachada da reforma, feita com o auxílio dado pelo Príncipe Regente, Dom João, quando ali esteve, em 1808, e tem um estilo neoclássico.

Vitória, capital do Espírito Santo, é uma das cidades mais antigas do Brasil. Foi fundada em 1551, na então ilha Guananira, ou ilha do Mel (nome dado pelos indígenas), pelo donatário Vasco Fernandes Coutinho em reconhecimento à proteção de Maria em um combate contra os índios Goitacás. Nessa época, foi construída uma igrejinha dedicada a Nossa Senhora da Vitória.

Hoje, a capital capixaba possui uma bonita igreja, construída no início do século XX. A imagem da Senhora da Vitória é moderna e retrata a Virgem com o Menino Jesus no braço esquerdo e a palma da vitória na mão direita.

14

Nossa Senhora dos Remédios

A devoção a Nossa Senhora dos Remédios surgiu na França. Levada para Portugal no século XIII pelos religiosos da Ordem da Santíssima Trindade, tornou-se mais popular nas localidades de Santarém e Lamego.

Os Irmãos da Santíssima Trindade trouxeram para o Brasil seu culto e ergueram várias capelas no Nordeste (Maranhão, Pernambuco e Bahia) e em Minas Gerais. Entretanto os santuários mais importantes foram os de Paraty, São Paulo e Fernando de Noronha.

A primeira igreja erguida no Brasil em louvor à Senhora dos Remédios foi a de Arraial do Cabo, construída em 1506.

Em 1503, Américo Vespúcio descobriu as terras de Arraial do Cabo, onde foi erguido um marco em honra ao grande navegador. Três anos após, foi construída, ao lado desse marco, a pequena Igreja de Nossa Senhora dos Remédios – cremos que essa foi a primeira capela construída em terras brasileiras, em louvor à Virgem Maria.

A Igreja dos Remédios em São Paulo também está muito ligada à história do Brasil. Conta-se que ela, situada no local da atual Praça João Mendes, servia de refúgio a escravos perseguidos e, nos últimos anos do Império, de reduto aos abolicionistas. Em 1941, ocorreu sua demolição para se alargar o então Largo dos Remédios.

Na ilha de Fernando de Noronha existe apenas uma igreja, que, dedicada a Nossa Senhora dos Remédios, também está ligada a nossa história, porque foi construída após a expulsão dos franceses, que permaneceram um ano na ilha.

Em Fernando de Noronha, a Virgem dos Remédios é considerada uma protetora que, além de ter o poder para curar doenças, cura também males sociais e espirituais. A partir de 1768, passou a ser a padroeira da ilha.

Em Paraty, a primeira igreja de Nossa Senhora dos Remédios foi construída em 1646. Ao lado dela, em meio à Mata Atlântica, existe uma estrada pavimentada pelos escravos com pedras irregulares entre os séculos XVII e XIX. Essa estrada seguiu uma trilha aberta pelos índios guaianases ligando as praias de Paraty ao Vale do Paraíba, além da Serra do Mar.

No século XVIII, com a descoberta do ouro, o governador do Rio de Janeiro determinou que as mercadorias trazidas de além-mar só poderiam ingressar na Colônia pela cidade do Rio de Janeiro e tomar o rumo de Paraty onde seguiriam para Minas Gerais pela antiga trilha indígena. O ouro de Minas era levado por essa trilha até Paraty, e as mulas voltavam carregadas de apetrechos necessários à mineração, além de mantimentos e artigos originários do Reino para o Vale do Paraíba.

Com o passar dos anos, essa estrada passou a ser chamada de "Caminho do Ouro", ponto de passagem obrigatório nos séculos XVII e XVIII, que ligava Rio de Janeiro, São Paulo e Minas Gerais, no chamado ciclo do ouro.

Paraty exercia a função de entreposto comercial e também, por sua posição geográfica, porto escoadouro da produção aurífera de Minas Gerais para Portugal. Foi uma das mais importantes cidades portuárias do século XVIII.

A primeira notícia do povoado é a da passagem da expedição de Martim Correa de Sá, em 1597.

O núcleo do povoamento iniciou-se no morro situado à margem do Rio Perequê Açu, atual morro do Forte.

O aldeamento dos guaianases localizava-se à beira-mar.

Em 1636, a senhora Maria Jácome de Melo fez a doação de uma sesmaria, em um local correspondente ao atual centro histórico de Paraty, para a instalação do crescente povoado, impondo duas condições: que os indígenas não fossem molestados e que fosse erguida uma capela em louvor a Nossa Senhora dos Remédios.

Em 1667, Paraty conseguiu tornar sua povoação independente da vizinha Angra dos Reis. O rei Afonso VI de Portugal, em carta régia, nomeou o crescente povoado de "Vila de Nossa Senhora dos Remédios de Paraty".

A capela construída em 1636 estava muito velha, assim foi substituída por uma igreja maior, de pedra e cal, que ficou pronta em 1712.

Em 1787, grande parte da população resolveu construir uma igreja maior, pois a outra já não comportava o número de fiéis. Mas por ser uma grande obra, faltou verba para concluí-la. Custeou e administrou o fim da construção uma piedosa senhora paratiense, dona Geralda Maria da Silva. No dia sete de setembro de 1873, a igreja foi entregue ao culto público, precedendo a sua bênção uma procissão em que se transladaram as imagens que estavam na Igreja de Santa Rita para a Matriz. Dona Geralda recebeu do imperador Pedro II o título de Dona do Paço.

A igreja de Paraty é muito bonita e nela se encontra uma pia batismal do século XVII.

As torres dessa igreja não foram terminadas; acredita-se que fizeram assim devido à umidade do solo, pois o mar periodicamente adentra o centro histórico da cidade e poderia a Matriz inclinar-se para frente.

Todo ano, no dia 30 de agosto, a Igreja de Nossa Senhora dos Remédios de Paraty é primorosamente decorada com belíssimas flores para celebrar uma semana de festas em honra à padroeira.

A escritora que redige este livro esteve na cidade histórica nesta data e teve a alegria de assistir a uma missa na Igreja Matriz e pode dizer a todos vocês, que me leem, que é uma emoção indescritível estar perto da Senhora dos Remédios.

15

Nossa Senhora da Glória

No dia 15 de agosto, celebra-se a Assunção de Nossa Senhora. A Virgem Santíssima foi elevada aos céus de corpo e alma. Ela é venerada como Nossa Senhora da Assunção, mas também como Nossa Senhora da Glória, uma vez que é a Rainha do céu e da terra.

Apesar de liturgicamente o título de Nossa Senhora da Glória ser o mesmo da Assunção, a representação iconográfica é diferente, pois, enquanto nesta última evocação Maria aparece subindo aos céus, rodeada de anjos e sem o menino Jesus, na primeira Ela é representada com seu Divino Filho nos braços, coroa de rainha e cetro na mão, ou então sendo coroada pela Santíssima Trindade na pátria celestial.

Nossa Senhora da Glória é muito amada no Brasil e está profundamente relacionada a nossa história. Entre as inúmeras igrejas a Ela dedicadas, merece destaque a Capela de Nossa Senhora da Glória em Carandaí, MG, também conhecida como Capela da Ressaca. Erigida em madeira, em 1736, foi reedificada em alvenaria e pedra no século XVIII.

Ressaca era um povoado que pertencia à freguesia dos Prados, termo da Vila de São José Del-Rei (atual Tiradentes). Em 1771, foi nomeado capelão o padre Antônio da Silva e Santos, filho de Domingos da Silva e Santos e Antônia da Encarnação Xavier. Nascido em 1745, Antônio era irmão mais velho de Joaquim José da Silva Xavier, o Tiradentes. Antônio estudou em Mariana e ordenou-se padre, sendo seu primeiro cargo justamente o de capelão do distrito de Ressaca da Freguesia de Prados, onde permaneceu até 1789, ano da Inconfidência Mineira. Retirou-se então da vida religiosa, recolhendo-se a uma das freguesias da Vila de Barbacena, onde faleceu em 1805.

A Capela (Igreja) de Nossa Senhora da Glória é o mais antigo e preservado bem cultural de Carandaí. Tombada pelo Patrimônio Histórico, é um exemplo vivo da história, da tradição e da memória do município.

A de São Paulo, no bairro do Cambuci, é um templo centenário e patrimônio histórico do bairro.

No Paraná, a Catedral Basílica Menor de Nossa Senhora da Glória é considerada símbolo da cidade de Maringá.

No Rio de Janeiro, a Igreja de Nossa Senhora da Glória do Outeiro é um dos maiores patrimônios da arquitetura colonial brasileira. A obra, que possui uma rara planta octogonal, data de 1729 e tem um significado especial para o carioca, uma vez que o lugar onde está construída foi ponto estratégico tomado dos franceses por Estácio de Sá, fundador da cidade do Rio de Janeiro.

A festa de Nossa Senhora da Glória é uma das mais antigas e tradicionais do período colonial e do império.

Dom João VI tinha um carinho especial por esta Santa e, quando lhe nasceu a primeira neta, filha de Dom Pedro I, deu-lhe o nome de Maria da Glória e a consagrou à Virgem Santíssima. Essa princesa mais tarde se tornou rainha de Portugal.

Em meados do século XIX, considerando que a igreja do Outeiro ficara pequena para a população do bairro, iniciou-se a construção da Matriz de Nossa Senhora da Glória do Largo do Machado. A cerimônia de lançamento da pedra fundamental foi realizada em 1842, com a presença do Imperador Dom Pedro II.

Essa igreja, finalizada em 1872, é ampla e muito bonita, com pilastras arredondadas na fachada e moldura superior em forma triangular encimada pela torre.

Logo que se transpõe o pequeno corredor e vai da porta principal até o para-vento, atrai a atenção o altar-mor onde está colocada a imagem da Padroeira. Esse altar tem o formato de um semicírculo em vários níveis superpostos, sendo que no mais alto encontra-se a bela imagem de Nossa Senhora da Glória com o Menino Jesus ao colo.

Na capela lateral, à direita do altar-mor, existe uma escultura ímpar. Ela representa Jesus e os apóstolos em volta da mesa da última ceia. As imagens são tão perfeitas que a pessoa desavisada que entra nesse recinto assusta-se no primeiro momento, achando que Cristo e os Apóstolos estão ali presentes.

16

Nossa Senhora da Candelária

As pessoas que chegam ao Rio de Janeiro pela Avenida Getúlio Vargas têm o privilégio de avistar, a sua frente, o belo templo da Candelária.

No século XVII, o capitão Antônio Martins Palma viajava em companhia de sua esposa, do arquipélago das Canárias em direção à América Latina. Em meio à viagem, foram surpreendidos por terrível tempestade. Religiosos pediram ajuda a Nossa Senhora da Candelária, venerada em sua pátria, prometendo edificar-lhe um templo na primeira terra que conseguissem chegar sãos e salvos.

Chegando ao Brasil, no Rio de Janeiro, erigiram, em 1613, uma belíssima igreja dedicada a Ela, que foi remodelada em 1710. Ficou tão linda que é considerada um tesouro do Brasil Império. Em 1811, foi abençoada em uma cerimônia com a presença do Príncipe Regente Dom João.

A cúpula majestosa em pedra, com mais de 630 toneladas, foi concluída em 1877. As imagens da cúpula representam os quatro evangelistas e as virtudes cardeais. A fachada simétrica é uma das obras-primas do barroco brasileiro.

D. Pedro II acompanhou as obras desde a colocação das oito estátuas que rodeiam a base da cúpula e a decoração interna.

Em 1878, com a presença da Família Imperial, foram colocadas a esfera e a cruz de bronze sobre a grandiosa cúpula.

A decoração interna, por influência da Imperatriz Thereza Cristina, foi concebida em estilo neorrenascentista italiano, presente nas colunas e no revestimento interno em mármore policromado. O trabalho artístico é comparado em técnica e beleza às grandes igrejas da Europa.

A arquitetura e a decoração exuberante fazem da Candelária o ápice da arte no Brasil do século XIX. O interior é rico em magnitude e detalhes, com talhas douradas, adornos e acabamentos em mármore de Carrara e de Verona. O altar-mor de Nossa Senhora da Candelária impressiona pelo exímio trabalho em mármore de Carrara.

As pinturas são consideradas a obra-prima da Academia Imperial de Belas Artes do Brasil. A rotunda ostenta as joias da pintura e da arte imperial do Mestre João Zeferino da Costa.

Os entalhes no mármore e os douramentos são esplendorosos. Também há um delicado mosaico em mármore multicolorido. O púlpito em *Art Nouveau* é sustentado por um colossal anjo em mármore de Carrara. O conjunto artístico é finalizado com sublimes vitrais alemães.

As portas da Candelária são obras de rara beleza artística e estética do português Teixeira Lopes.

Essa igreja tornou-se icônica. Ela é um símbolo da luta pelos direitos humanos. Em seus arredores já foram realizados eventos sociais, políticos e religiosos, como a sagração de Dom Hélder Câmara, em 1952. A igreja da Candelária do Rio de Janeiro foi tombada pelo IPHAN, em 1938.

Existem outros templos no Brasil dedicados a Nossa Senhora da Candelária, mas a que mais se destaca é o da cidade paulista de Itu, que encerra belos altares barrocos e pinturas de Frei Jesuíno de Monte Carmelo, Almeida Júnior e Lavínia Cereda. Essa igreja também foi tombada pelo Instituto do Patrimônio Histórico e Artístico Nacional.

17

Nossa Senhora da Assunção

Maria Santíssima, concebida sem pecado e escolhida para ser a mãe de Jesus, após sua morte, subiu ao céu de corpo e alma. Em 15 de agosto, a igreja celebra a festa da Assunção de Nossa Senhora, que foi recebida gloriosamente na morada celestial.

A festividade de Nossa Senhora da Assunção ou da Glória era celebrada com grande pompa em Portugal e em todas as colônias de além-mar, porque estava essencialmente ligada à história da terra portuguesa.

De Portugal o culto à Virgem da Assunção foi trazido para o Brasil. São inúmeras as igrejas que a adotaram como padroeira, entre elas a Matriz de Cabo Frio, a Catedral de Mariana e a Matriz de Fortaleza, capital do Ceará. Na última, sobre o altar-mor aparece uma pintura de Maria subindo ao céu rodeada de anjos.

O Templo de Nossa Senhora da Assunção de Cabo Frio é um dos mais famosos e antigos do Brasil, datando do século XVII.

A Catedral de Mariana dedicada a Ela é uma das mais ricas igrejas mineiras. Foi construída em estilo barroco jesuítico, e nela trabalharam Manuel Francisco Lisboa, pai do Aleijadinho, e o afamado pintor Manuel da Costa Ataíde.

A capital paulista tem São Paulo como padroeiro da Igreja da Sé, mas também é dedicada a Nossa Senhora da Assunção.

Esse templo teve origem em 1591. O terreno destinado à construção da matriz foi indicado pelo Cacique Tibiriçá.

Em 1756, estando totalmente arruinada a primitiva igreja, foi edificada uma segunda, já dedicada como Sé (Sede Episcopal), no mesmo local onde ficava a anterior.

Mas São Paulo cresceu e se tornou uma cidade importante. No início do século XX, a Catedral estava muito aquém da grandiosidade da cidade. Em 1912, o arcebispo de São Paulo Dom Duarte Leopoldo e Silva reuniu os representantes das principais famílias paulistanas e instituiu uma comissão destinada a organizar e angariar fundos para a construção de uma nova Catedral para a cidade. Foi negociada uma ampliação do terreno junto à Câmara Municipal e, com isso, foi possível planejar um templo de grandes proporções.

O projeto da Catedral foi feito por um professor da Escola Politécnica chamado Maximilian Hehl. A construção se prorrogou por diversos anos, sendo inaugurada em 1954, no quarto centenário da cidade de São Paulo. Foi edificada em estilo neogótico e possui medidas grandiosas: 111 metros de comprimento, 46 de largura e duas torres frontais com 97 metros de altura e uma enorme cúpula. Seu interior é repleto de obras de arte sacra e lindos vitrais. Seu órgão é o maior da América Latina. Ela possui também um carrilhão com 61 sinos que tocam várias vezes ao dia.

A Catedral apresenta ornamentos relacionados com a tropicalidade e os aspectos naturais do Brasil. No topo das colunas e das naves laterais, foram esculpidos animais que constituem a fauna brasileira, como tucanos, tatus, garças e lagartos. No arco de entrada, estão esculpidos elementos responsáveis pela economia do Brasil: cacau, trigo e uva.

Existem três altares no interior da Igreja. Ao lado esquerdo da entrada principal, está o altar dedicado a Sant'Ana (padroeira da Arquidiocese até 2008). Do lado direito, está o altar dedicado a São Paulo Apóstolo (patrono da Arquidiocese de São Paulo e copadroeiro da Catedral). Os dois altares são feitos com mosaicos produzidos por artistas do Vaticano. O terceiro altar é o presbitério – o altar-mor –, feito com as cores do Brasil (verde e amarelo), onde há um baldaquino com cenas da Assunção de Nossa Senhora.

Essa igreja possui uma cripta, um vasto salão, suportado por várias colunas e arcos de perfil gótico, localizada debaixo do altar-mor, a qual ficou pronta antes da parte superior do Templo em 1919. Nela estão sepultados, além de bispos e arcebispos de São Paulo, vários personagens importantes da história do Brasil:

– O Padre Bartolomeu Lourenço de Gusmão (O padre voador);

– O Regente Feijó;

– Os jesuítas Manuel da Nóbrega e José de Anchieta;

– O Cacique Tibiriçá, um dos primeiros chefes tribais convertidos, que teve importante papel na fundação de São Paulo;

– O Arcebispo Dom Evaristo Arns, valente defensor dos Direitos Humanos no Brasil em plena Ditadura Militar.

A Sé de São Paulo é magnífica em todos os seus aspectos: arquitetônico, simbólico, cultural e cristão. Mas a maior beleza dessa Igreja está em sua brasilidade, expressa em sua decoração, na ligação com a história de nosso país, na defesa da democracia e do povo brasileiro.

Nossa Senhora da Assunção, do céu, naturalmente está abençoando a Igreja da Sé e tudo o que ela representa para o Brasil.

18

Nossa Senhora dos Anjos

Perto da cidade de Assis, na Itália, ergue-se uma majestosa basílica dedicada a Santa Maria dos Anjos. Em seu interior, encontra-se a pequenina Capela da Porciúncula, onde São Francisco reconheceu sua vocação, respondendo a um chamado de Deus.

Foi em Porciúncula também que Francisco de Assis teve uma visão da Virgem, ao lado de seu Divino Filho, ambos rodeados por querubins e serafins. O santo pediu a Jesus que concedesse uma indulgência plenária às pessoas que a visitassem.

Essa indulgência ficou conhecida como o "Dia do Perdão", uma vez que o Papa a regulamentou a ser concedida apenas aos fiéis que visitassem a basílica no dia 2 de agosto, festa de Nossa Senhora dos Anjos.

No Brasil, na bela e histórica cidade de Penedo, em Alagoas, encontra-se uma bonita igreja dedicada a Nossa Senhora dos Anjos.

Em Cabo Frio, estado do Rio, é famosa a Igreja e o Convento de Santa Maria dos Anjos, construídos em 1684.

Devido à aparição da Virgem a São Francisco em Porciúncula, todas as igrejas desse Santo são dedicadas a Nossa Senhora dos Anjos. O mais belo desses templos no Brasil é o de Ouro Preto, uma verdadeira joia barroca. Iniciado no fim do século XVIII, foi concluído no início do século XIX.

Antônio Francisco Lisboa, o Aleijadinho, trabalhou nele como arquiteto e escultor. Os elementos barromínicos se concentram sobretudo na fachada e nas torres laterais. Do genial artista são também os púlpitos em pedra sabão. A pintura e o douramento ficaram a cargo de Manuel da Costa Ataíde. No teto da nave, pode-se ver o mais famoso afresco do Mestre Ataíde: Nossa Senhora da Porciúncula, cercada de anjos músicos. Esse quadro tem uma característica inovadora nas representações sacrobrasileiras: a Virgem é mulata. Não se sabe se Ataíde a fez assim por amor a sua esposa (pensa-se que pode ser o rosto dela) ou movido por um sentimento nativista que já se revelara desde o início do século XVIII nas lutas armadas (Emboadas, Mascates) e que se trasnformou em patriotismo no fim da centúria (Inconfidências Mineira e Baiana).

O que espanta é a coragem do mestre em inovar a arte da pintura sacra. Até então, os santos tinham todas as características da raça branca, o que é natural, uma vez que as primeiras imagens e os primeiros quadros vieram da Europa.

Não sabemos se foi o amor à esposa ou um sentimento de brasilidade que levou Mestre Ataíde a pintar uma Madona mulata, mas o que ficou patente é que essa Senhora dos Anjos representou a maioria das mulheres brasileiras e veio criar uma característica inovadora na pintura sacra.

A Igreja de São Francisco de Assis de Ouro Preto, além de ser tombada pelo IPHAN, foi classificada em 2009 como uma das Sete Maravilhas de Origem Portuguesa no Mundo. Como integra Ouro Preto é parte do "Patrimônio da Humanidade".

19

Nossa Senhora do Rosário

No século XIII, na França, Nossa Senhora apareceu ao cônego Domingos de Gusmão e lhe mostrou um rosário, explanando que esse método de oração daria resultados maravilhosos.

Pouco tempo depois, São Domingos fundou a Ordem dos Irmãos Pregadores ou Dominicanos com a missão de propagar a devoção ao Rosário de Nossa Senhora, que logo se estendeu por diversos países da Europa.

No Brasil, a devoção ao Santo Rosário foi trazida pelos missionários e logo se espalhou, especialmente entre os pretos escravos. Era comum ouvir-se dentro das senzalas o sussurrar das preces dos cativos.

Nossa Senhora do Rosário é um dos títulos de Maria Santíssima que se liga de forma basilar à história do povo brasileiro.

A escravidão negra no Brasil é uma página triste e vergonhosa de nossa história. O povo africano trabalhou nos canaviais do nordeste. Sem os escravos não existiriam os engenhos de cana-de-açúcar.

A partir do século XVIII, quando foi descoberto o ouro em Minas Gerais, foi o braço escravo que retirou dos leitos dos rios e dos barrancos a riqueza enorme das Gerais.

Apesar disso, os negros eram muito maltratados desde o momento que saíam da África. Muitos morriam nos terríveis "navios negreiros", e, quando chegavam ao Rio de Janeiro, os sobreviventes eram depositados em casas velhas e armazéns no cais do Valongo, perto do bairro Gamboa. Ali ficavam para se recuperarem de doenças (muitos pegavam sarna) e engordarem para serem vendidos feito animais. Muitos morriam e eram enterrados ali mesmo.

A venda das pobres criaturas era efetuada sem nenhum critério humanitário, separando os membros das famílias.

Nas fazendas ou nos locais de extração de ouro e pedras preciosas, o sofrimento desse pobre povo prosseguia. Eram tratados com brutalidade, muitas vezes, por mínimas faltas, amarrados ao tronco e chicoteados ou marcados com ferro em brasa como se fossem animais.

A maldade dos donos era tão grande que chegavam a impedi-los de cultuar as divindades africanas como faziam na África.

Assim os escravos escolheram como patronos três santos já venerados na pátria de seus ancestrais: São Benedito e Santa Ifigênia, que eram de origem africana, e Nossa Senhora do Rosário, cujo culto já fora levado pelos colonizadores portugueses e missionários para a África.

As confrarias eram irmandades religiosas que já existiam na Europa desde a Idade Média, cujo objetivo era ajudar seus membros e a comunidade. Costumavam construir igrejas e conventos. Elas chegaram ao Brasil a partir do século XVIII e se estabeleceram sobretudo em Minas Gerais.

Os negros a elas se associaram em várias cidades do Brasil, especialmente nas vilas do ouro e do diamante em Minas Gerais, a fim de cultuar seus santos escolhidos. Foram inúmeras as Irmandades do Rosário. Em seus estatutos eles exigiam que seus dirigentes fossem negros libertos ou cativos. Todos os anos, a confraria elegia um rei e uma rainha que deveriam assistir às festas de Nossa Senhora e acompanhar a procissão atrás do pálio. Nos dias festivos, eles se vestiam ricamente e presidiam as cerimônias rituais cercados por sua corte. Em seguida, desciam as ladeiras da cidade, entoando danças e cânticos de seu passado. Assim surgiram os reisados e as congadas do Rosário.

Em Tiradentes, Minas Gerais, os negros, em 1740, iniciaram a construção da Igreja de Nossa Senhora do Rosário dos Pretos. Esse templo possui ouro em seu interior. Narra-se que os escravos trabalhavam durante o dia para seus senhores e à noite construíam essa igreja, que foi finalizada em 1770.

As mais célebres igrejas do Rosário são as de Ouro Preto, a do bairro Caquende, famosa por sua forma arredondada, e outra no bairro Alto da Cruz, denominada Nossa Senhora do Rosário dos Homens Pretos. Essa igreja está ligada à história do famoso Chico Rei, um Soba angolano, que com um esforço muito grande conseguiu comprar sua alforria, a de seu filho e de outros companheiros. Com trabalho duro adquiriu a Mina do Encardido, cujo lucro era repartido com os libertos e uma parte reservada para a compra de alforria de escravos de outras nações. Criaram a festa anual do Reisado do Rosário, que se tornou famosa: após as cerimônias religiosas, eles, ricamente vestidos, desfilavam pelas ruas de Vila Rica. As negras colocavam pó de ouro nos cabelos e os lavavam em uma pia situada junto às portas do templo. O ouro ficava ali depositado como donativo para a padroeira.

Em Vitória, no Espírito Santo, a Igreja e Museu Nossa Senhora do Rosário mantém suas características há dois séculos. Tombada pelo patrimônio histórico, ela conserva as formas originais da fachada colonial e o frontão barroco.

Ao lado foi construída a "Casa do Leilão" que tinha o nobre exercício de arrecadar verbas para a alforria de escravos.

Não só as Confrarias dos Homens Negros erigiram templos a Nossa Senhora do Rosário. Os brancos também construíram várias igrejas para cultuá-la. Existem igrejas em muitos estados brasileiros. A primeira foi erguida em 1535 pelo donatário Vasco Fernandes Coutinho em Vila Velha no Espírito Santo.

Bem antiga também é a Igreja de Embu das Artes, perto de São Paulo. O local para a construção dessa ermida foi doado aos jesuítas por Fernão Dias Paes, tio do "Caçador de Esmeraldas". Iniciada no século XVII, só ficou pronta no século XVIII e se destacava pela riqueza de seus ornamentos e suas alfaias. Infelizmente grande parte daqueles bens foi confiscado a mando do Marquês de Pombal, quando expulsou os jesuítas do Brasil.

Apesar do desaparecimento dos objetos de valor, a Matriz continua a guardar inestimáveis obras de arquitetura e escultura, fielmente restauradas pelo Patrimônio Histórico e Artístico Nacional.

A Igreja Matriz de Nossa Senhora do Rosário em Pirenópolis, construída entre 1728 e 1732, é considerada o maior e mais antigo monumento do estado de Goiás. Ela foi construída de forma que, a qualquer hora do dia, o sol ilumine sua fachada. Foi tombada, em 1941, como patrimônio nacional e, em 1997, passou por uma restauração significativa. Em setembro de 2002, o santuário foi acometido por um grande incêndio que o destruiu quase que totalmente e está sendo reconstruído com base nos documentos existentes no IPHAN.

Nossa Senhora do Rosário geralmente é retratada sentada, com o Menino Jesus em seu joelho esquerdo e segurando um rosário com a mão direita.

20

Nossa Senhora Mãe dos Homens

A invocação a Nossa Senhora Mãe dos Homens foi introduzida em Portugal por um frade chamado Frei João, que pertencia ao Convento de São Francisco das Chagas em Lisboa.

Frei João possuía grande eloquência e o dom da persuasão. Em seus inúmeros sermões ensinava que a mãe de Jesus era também mãe dos homens e esses deveriam se dirigir a ela nos momentos de aflição, pois certamente os ajudaria. Foi ele quem idealizou e mandou fazer uma imagem dessa santa.

Essa devoção à Mãe dos Homens foi trazida de Lisboa a Minas Gerais por um misterioso personagem, o irmão Lourenço, que fugia da perseguição do Marquês de Pombal.

Por volta de 1770, irmão Lourenço comprou a sesmaria do Caraça; ali estabeleceu uma hospedaria e ergueu uma capela em honra a Nossa Senhora Mãe dos Homens. Mais tarde foi construído o famoso Colégio do Caraça que, durante décadas, educou com esmero os jovens brasileiros.

Em 1905 foi fundada a Escola Apostólica Nossa Senhora Mãe dos Homens para formação de sacerdotes. Hoje, é um belo lugar turístico.

No Rio de Janeiro, essa devoção teve início em um oratório onde os fiéis rezavam o terço. Com o passar do tempo, eles resolveram se agrupar em uma confraria e erguer uma capela em homenagem a Nossa Senhora Mãe dos Homens. Assim surgiu uma bonita igreja que se localiza na Rua da Alfândega, no Centro do Rio de Janeiro.

No fim do século XVIII, morava perto dessa igreja uma viúva chamada Inácia Gertrudes de Almeida, que foi uma importante figura feminina ligada à Inconfidência Mineira de 1789. Essa viúva tinha uma filha única que sofria de dolorosa úlcera no pé. Tendo sido informada de que os conhecimentos de Tiradentes, em viagem no Rio, não se limitavam aos tratamentos dentários, dona Inácia procurou o alferes Xavier e, com sua intervenção, em poucos meses, a moça estava completamente curada, graças ao uso de uma misteriosa água receitada por ele.

Algum tempo depois, Tiradentes retornou ao Rio de Janeiro, mas descobriu que estava sendo seguido e que a Conjuração Mineira havia sido denunciada. Assim foi pedir auxílio à dona Inácia. Esta o recomendou a seu compadre Domingos Fernandes da Cruz que o escondeu em sua casa na Rua dos Latoeiros.

Entrementes Tiradentes foi denunciado pelo vil Silvério dos Reis, o mesmo inconfidente que denunciara a Conjuração Mineira ao vice-rei Luís de Vasconcelos e Sousa, que mandou prender o alferes Xavier. Como resultado, dona Inácia, a filha e o generoso hospedeiro foram presos, ficaram incomunicáveis e tiveram seus bens sequestrados.

Durante os longos meses que gemeu na prisão, ela, entre lágrimas e soluços, apegou-se à Mãe dos Homens, que não desamparou a pobre viúva, cuja inocência foi reconhecida pouco depois e cujos bens foram-lhe restituídos. O senhor Inácio da Cruz também foi posto em liberdade.

Nossa Senhora Mãe dos Homens é representada em pé, vestindo uma túnica e um manto curto que lhe envolve o corpo, tendo sobre a cabeça um véu também curto que recai sob seus ombros. Traz, sentado em seu braço esquerdo, o Menino Jesus, que segura em sua mãozinha direita uma cruz. O braço da Virgem está levantado, e sua mão abençoa os devotos.

21

Nossa Senhora das Dores e das Angústias

A devoção a Nossa Senhora das Dores teve início no século XVIII. De Portugal, onde foi divulgada pela Congregação do Oratório, o culto à Virgem Dolorosa passou para o Brasil, localizando-se primeiro em Vila Rica. Até bem pouco tempo, realizava-se uma das mais belas tradições religiosas de Minas Gerais, o Septenário das Dores, comemorando-se todos os sofrimentos da Virgem Maria, especialmente as sete dores principais durante a vida, paixão e morte de Jesus. Durante sete sextas-feiras, a começar da sexta-feira antes do Carnaval até a Semana da Paixão, comemoravam-se as Dores de Maria. Quando o sino da igreja anunciava o início do Septenário, todas as pessoas colocavam suas roupas pretas, bem cuidadas, vestidos e ternos e iam homenagear a Mãe Dolorosa.

Hoje, algumas cidades pelo Brasil ainda celebram o Septenário:

Heliodora, MG – começa no quinto Domingo da Quaresma e termina no sábado, véspera do Domingo de Ramos.

Na cidade de Cristina, MG, o pároco explanou que assim é comemorada essa tradição: nos sete dias anteriores à Semana Santa, celebram-se as dores de Maria e, após essa semana, comemoram-se as alegrias da Mãe de Deus.

Boa Esperança, MG – durante a Semana Santa.

Juiz de Fora, MG – durante o mês de setembro.

Itaúna, MG – começa no quinto Domingo da Quaresma e termina no sábado, véspera do Domingo de Ramos.

Pirenópolis, GO – durante a Semana Santa.

Magé, RJ – durante a Semana Santa.

Marilândia do Sul, PR – durante o mês de setembro.

Arthur Nogueira, SP – durante o mês de setembro.

Limeira, SP – durante o mês de setembro.

Viçosa, AL – durante o mês de setembro.

A devoção a Nossa Senhora das Dores é muito grande em todo o Brasil. Existem muitas mulheres com o nome de Maria das Dores e cidades cujo nome foi colocado em homenagem à *Mater Dolorosa:* Doresópolis, Nossa Senhora das Dores, Dores do Campo, Dores do Turvo e Dores do Indaiá.

Ela é padroeira de várias localidades em nosso país:

Em Minas Gerais: Guaxupé, Boa Esperança, Doresópolis, Dores do Campo, Dores do Turvo, Januária, Lima Duarte e Capela Nova.

Na Bahia: Candiba e Mairi.

No Rio de Janeiro: Areal.

Em São Paulo: Avaré, Araiçoba da Serra, Arthur Nogueira, Miracatu, Itobi, Casa Branca, Ibiúna, Jambeiro, Serrana, Juquitiba e Limeira.

No Piauí: Teresina.

No Ceará: Assaré e Juazeiro do Norte.

Em Sergipe: Nossa Senhora das Dores.

No Espírito Santo: Mantenópolis.

No Paraná: Marilândia do Sul.

Em Goiás: Caldas Novas.

Na Paraíba: Monteiro e Mogeiro.

Em Pernambuco: Caruaru e Triunfo.

No Rio Grande do Norte: Patu e Itaú.

No Maranhão: Itapecuru-Mirim.

Nossa Senhora das Dores é representada em pé, com a fisionomia angustiada, geralmente vestida de roxo e envolvida por um manto que lhe cobre a cabeça, que vai até os pés. Tem o peito atravessado por uma espada ou por sete punhais, uma das mãos apertando o coração e a outra estendida em sinal de desolação. Quando apresenta sete punhais cravados em seu corpo, quatro estão do lado direito e três do lado esquerdo. Aparece também com um lenço de renda na mão, porém, nesses casos, é uma adaptação da Senhora das Angústias a "das Dores" mais recente.

Nossa Senhora das Angústias

No fim do século XV, uma irmandade na Espanha resolveu erguer uma ermida dedicada às "angústias" da Mãe de Jesus.

Da Espanha essa devoção se espalhou para outros países europeus, inclusive Portugal, que a trouxe para o Brasil. Foi fundada uma irmandade para venerar os padecimentos de Maria Santíssima.

Essa confraria iniciou, no século XVIII, a realização das procissões do Encontro e do Enterro na Semana Santa, uso que se espalhou também no Brasil durante o período colonial e, ainda hoje, continua nas cidades do interior.

Outras imagens foram criadas representando o sofrimento e as angústias da Virgem Maria: Nossa Senhora do Pranto, da Soledade, da Piedade e da Agonia.

No Brasil, existem duas paróquias dedicadas a Nossa Senhora das Angústias: a de Tarrafas no Ceará e a do bairro Várzea da Barra Funda em São Paulo.

22

Nossa Senhora da Lapa

No tempo em que os mouros dominavam a Península Ibérica, o Convento das Freiras Beneditinas em Quintela foi atacado, e as freiras, levadas em cativeiro. Algumas religiosas conseguiram escapar e se refugiaram em uma pequena lapa, onde havia uma imagem de Nossa Senhora da Lapa.

De Portugal esse culto passou para o Brasil, localizando-se principalmente na Bahia e no Rio de Janeiro.

No Rio de Janeiro existem duas igrejas dedicadas a essa evocação: a Lapa do Desterro, assim chamada por ter sido erguida perto do Morro do Desterro, hoje, Santa Teresa, e a Lapa dos Mascates ou Mercadores.

A Igreja da Lapa dos Mascates remonta a um pequeno oratório construído em 1743 por comerciantes e ambulantes. Um pouco mais tarde, construíram uma irmandade para edificação de um templo sob evocação de Nossa Senhora da Lapa, também conhecida por Igreja dos Mercadores. Essa igreja localiza-se na Rua do Ouvidor, no centro do Rio de Janeiro.

Quando D. João VI chegou ao Rio de Janeiro, em 1808, sua primeira residência foi no Paço da cidade, localizado na Praça XV. Como ficava próximo à Igreja de Nossa Senhora do Carmo, o príncipe regente a transformou em Capela Real.

Precisava-se de um palácio, ou pelo menos de uma casa digna para alojar D. Maria I, que esperou uns dias, pois sua mudança estava a bordo do navio que a trouxera. Perto da Igreja do Carmo, situava-se o Convento dos Carmelitas, que foi requisitado para abrigar a Rainha Maria I e seu séquito. Foi construído um passadiço ligando o Convento ao Paço Real.

Os religiosos do Convento do Carmo tiveram de se mudar para o Convento da Lapa, que se situava ao lado da Igreja Nossa Senhora da Lapa do Desterro. Com a mudança ocorrida, essa igreja passou a se chamar Nossa Senhora do Carmo da Lapa do Desterro.

O Convento de Nossa Senhora da Lapa de Salvador, construído no século XVIII, projetou-se no cenário histórico brasileiro durante a luta pela libertação política de nosso país.

Dom Pedro I proclamou a independência do Brasil no dia 7 de setembro de 1822. Era de se esperar que a metrópole portuguesa, governada pelas cortes, não aceitasse perder sua valiosa colônia e nos declarasse guerra.

Foi uma luta ingente empreendida pelo Brasil, que não possuía navios, armas, soldados treinados nem dinheiro. Ela só foi realizada devido à coragem e ao destemor de Dom Pedro I, à inteligência de José Bonifácio de Andrada e Silva e ao amor à Pátria de muitos brasileiros que lutaram bravamente pela liberdade de nosso país. A batalha pelas ideias libertárias, contudo, já havia começado na Bahia, antes mesmo do grito do Ipiranga.

Em fevereiro daquele ano, as cortes portuguesas tinham designado para governar as tropas naquela província o general português Madeira de Melo, homem rude, cuja missão era sufocar qualquer movimento separatista no Brasil.

No dia 19, eclodiu uma rebelião dos oficiais e soldados brasileiros favoráveis à independência. Foram quatro dias de lutas acirradas com saques e tumultos nas ruas de Salvador.

O Convento da Lapa era dirigido por sóror Joana Angélica de Jesus. O Monastério foi atacado por um grupo de soldados portugueses embriagados. E, como a prioresa não os deixasse invadir a clausura, eles a transpassaram com golpes de baionetas. Mataram também o capelão, um padre idoso, Daniel da Silva Lisboa, brutalmente espancado.

Sóror Joana Angélica tornou-se uma das heroínas da luta pela independência do Brasil.

Em Quintela, no local onde as freiras se abrigaram na Lapa, foi erguida uma capela, em 1498. Hoje, há um santuário construído no século XVII pelos Jesuítas, que abriga a imagem original de Nossa Senhora da Lapa.

23

Nossa Senhora da Luz

Conta-nos a escritora Nilza Botelho Megale que a história de Nossa Senhora da Luz teve origem em Portugal, no Bairro de Carnide, na cidade de Lisboa, no ano de 1453. Um português de origem humilde, chamado Pedro Martins, quando ia visitar terras herdadas por sua esposa na região do Algarve, ao sul de Portugal, foi aprisionado pelos mouros que haviam conquistado grande parte da Península Ibérica no século XV. Naquela mesma ocasião, começou a aparecer na fonte do Machado, em Carnide, bairro ao norte de Lisboa, uma luz misteriosa, cuja origem ninguém conseguia definir. Devido ao acontecimento, milhares de pessoas visitavam o local, que passou a ser chamado de A Luz.

Pedro Martins ficou vários meses aprisionado pelos mouros. Desesperado, pedia a Nossa Senhora que o ajudasse. Ela atendeu a seus pedidos e, durante trinta noites, apareceu-lhe em sonhos. Na última noite, prometeu que ele acordaria em Carnide, mas que ali deveria procurar uma imagem sua escondida na fonte do Machado e deveria erguer uma ermida em sua homenagem. Certa manhã, Pedro Martins, quando acordou, estava em Carnide. O milagre havia ocorrido! Como Nossa Senhora lhe recomendou, procurou a imagem na fonte e, seguindo a luz, encontrou-a, depois de limpar o terreno e remover algumas pedras no lugar, onde a luz lhe indicara.

Após o ocorrido, a notícia se espalhou, o povo começou a visitar o local e a Virgem Maria passou a ser invocada com o título de Nossa Senhora da Luz. Em seguida, com a autorização do bispo de Lisboa, foi erguida uma pequena capela, mais tarde substituída por uma suntuosa igreja no ano de 1596.

A festa da Nossa Senhora da Luz passou a ser celebrada todos os anos, e as casas mais nobres de Lisboa disputavam a honra de patrociná-la. No ano de 1755, com o imenso terremoto que destruiu grande parte de Lisboa, a igreja também foi destruída. No mesmo ano, uma distinta dama, Dona Tereza de Jesus Corte Real, esposa do Contratador de Diamantes em Minas Gerais, alto funcionário da Coroa portuguesa, pediu a proteção da Virgem Maria e prometeu que se conseguisse chegar sã e salva às Minas Gerais, para onde seu marido fora mandado a serviço, faria erigir na colônia uma capela à Virgem Maria.

Chegando a Minas, fixou residência no Arraial do Tijuco, atual Diamantina. Construiu nos arredores da vila uma pequena igreja e ergueu um prédio para recolher e educar órfãs, preparando-as para a vida. Cada moça que se casava recebia, além da esmerada educação, um faqueiro de prata e três mil cruzados, quantia suficiente para construir uma boa casa. Depois de seu falecimento, o corpo de D. Tereza foi sepultado debaixo do coro da igreja. Quase no fim do século XIX, a igrejinha estava em péssimas condições e prestes a ruir, quando então, no ano de 1900, o vigário de Diamantina conseguiu angariar fundos para sua reconstrução. A inauguração da nova capela ocorreu no dia 20 de maio de 1900, foi reaberta aos fiéis e a imagem da Padroeira recolocada em seu antigo altar. A festa contou com procissão e ruas ornamentadas, para celebrar aquela que gerou a Luz do Mundo e que recebeu o título de Nossa Senhora da Luz.

Porém essa devoção em terras brasileiras não aconteceu primeiramente em Minas Gerais. São Paulo foi o local onde foi construída a primeira igreja para Ela, no bairro do Ipiranga; depois foi transferida para o bairro da Luz. Esse segundo templo, acompanhou toda a evolução da cidade de São Paulo. A seu lado, foi criado o Recolhimento da Luz por irmãs de caridade. Posteriormente, depois de muitas reformas, o templo e o prédio do recolhimento se transformaram no Museu de Arte Sacra, que guarda preciosidades históricas e artísticas de São Paulo.

O culto a Nossa Senhora da Luz, difundido pelos jesuítas e beneditinos, espalhou-se por todo o Rio de Janeiro e principalmente pelos estados do sul, notadamente no Paraná, cuja capital, Curitiba, tem sua origem relacionada com um milagre atribuído à Virgem da Luz. Conta a história que bandeirantes se estabeleceram às margens do rio Atuba, onde ergueram uma capela dedicada a esta Santa. Com o passar do tempo, perceberam que a imagem da Virgem tinha sempre os olhos voltados para os campos, que os ferozes índios caingangues denominavam Curitiba, que em sua língua significava pinhais. Tal foi a insistência da Virgem, por meio da imagem dos olhos, que os sertanejos resolveram sondar a possibilidade de conquistar aquele sítio. Para tanto, já sabendo que enfrentariam forte resistência dos ferozes caingangues, prepararam-se para uma luta sangrenta. Porém, ao contrário das expectativas, foram muito bem recebidos pelos índios e pelo chefe Araxo, o Galha Branca, que mandou reunir todos de sua tribo junto aos sertanejos e fincou um bastão na terra dizendo solenemente:

– Aqui é o lugar.

Após isso ordenou:

– Vamos.

E todos os seus se movimentaram em direção às florestas do ocidente, deixando seus domínios aos brancos. Diz a lenda que o bastão que o cacique fincou floriu e naquele local foi erguida, mais tarde, a matriz dedicada a Nossa Senhora da Luz, no centro de Curitiba. Com o passar do tempo e o crescimento da cidade, ela se transformou em uma imensa catedral gótica; a antiga imagem de terracota encontra-se no Museu paranaense.

Várias são as imagens associadas a Nossa Senhora da Luz, porém a mais difundida é a que se encontra no Museu de Arte Sacra de São Paulo, onde a Virgem Maria segura uma grande vela com a mão esquerda e o Menino Jesus com a mão direita.

24

Nossa Senhora das Graças e a Devoção da Medalha Milagrosa

O nome Nossa Senhora das Graças expressa os favores, as bênçãos e as graças que a Mãe de Deus concede àqueles que nela confiam. Esse nome também exprime uma das qualidades de Maria, que é ser a medianeira entre os homens e Deus – inclusive existe o culto a Nossa Senhora Medianeira, que teve sua origem na Itália durante a grande epidemia da peste negra, em 1630, quando a população de Veneza foi quase dizimada pela doença. Desejando confirmar essa mediação, Maria apareceu no início do século XIX na França à jovem noviça de 25 anos, Catarina Labouré, enquanto orava na capela de seu mosteiro no dia 27 de novembro de 1830. Catarina estava concentrada em suas orações quando uma forte luz lhe chamou a atenção. Dentro da luz intensa, pôde ver que uma senhora ali estava de pé sobre o globo terrestre. Seus pés esmagavam a cabeça de uma serpente e vestia uma túnica branca e um manto azul, que caía sobre os pés. Nas mãos, inúmeros anéis que emitiam raios de luz de indescritível beleza, os quais, segundo a Senhora: "são os símbolos das graças que derramo sobre as pessoas que me invocam". Ainda envolvida em êxtase diante de tamanho fulgor, a noviça ouviu novamente a voz que lhe dizia que deveria cunhar uma moeda em forma oval com os seguintes dizeres: "Ó Maria concebida, sem pecado, rogai por nós que recorremos a vós". No reverso da medalha, deveria ser cunhada a letra M, encimada por uma cruz e com um risco na base. Embaixo do monograma de Maria, os corações de Jesus e de sua Mãe Santíssima; o primeiro cercado da coroa de espinhos, e o outro trespassado por uma espada. Ao redor desses símbolos, havia uma coroa de doze estrelas.

A Senhora lhe explanou que as pessoas que trouxessem a medalha consigo receberiam grandes graças.

Catarina contou o que vira e ouvira ao Padre Aladel, seu mentor espiritual, que, por achar que tudo não passava de uma fantasia da noviça, repreendeu-a, chegando a considerá-la arrogante e presunçosa. Em dezembro do mesmo ano, Catarina teve nova visão, e a aparição insistia que a medalha fosse cunhada. Enfim, o padre Aladel sucumbiu às evidências e apresentou o pedido ao arcebispo de Paris, Monsenhor Quelen, que autorizou a cunhagem da medalha revelada por Maria; a primeira foi entregue à noviça Catarina.

A propagação da medalha foi intensa e imediata. Em 1836, foram cunhadas mais de 2 milhões de peças em vários países. As notícias que chegavam de milagres e curas atribuídas à medalha despertaram a curiosidade do público, que exigia mais detalhes sobre os prodígios que vinham acontecendo, popularizando cada vez mais a medalha milagrosa e espalhando a devoção a Nossa Senhora das Graças por todo o mundo.

Catarina Labouré faleceu, em 1876, com setenta e um anos. Em 1933, foi beatificada e, em 1947, canonizada.

No Brasil existem várias paróquias dedicadas à Virgem da Medalha Milagrosa.

O primeiro local onde foi edificada uma igreja dedicada a Ela no Brasil foi no município de Monte Sião, em Minas Gerais, no ano de 1849. Segundo a tradição, essa devoção já ocorria na cidade desde 1839, quando o vilarejo foi elevado à categoria de arraial do Jabuticabal. Em 1850, a capela recebeu a benção sendo que, a imagem de Nossa Senhora da Medalha Milagrosa que passou a ornamentar o altar-mor, foi trazida de Portugal no ano de 1860. Porém, no ano de 1937, foi de lá retirada por decisão do bispo que a considerava muito sensual e provocativa, o que poderia desvirtuar o sentimento do povo. Então foi levada para uma capela na zona rural, mas os fiéis passaram a sentir muita falta dela. A partir dessa data, o arraial foi assolado por uma grande seca, trazendo muito sofrimento e muitos prejuízos materiais. Isso causava estranheza a todos, pois, no entorno das terras do arraial, chovia abundantemente. Os fiéis passaram a associar a seca à ausência da imagem no altar. Então um grupo de fiéis pediu ao padre que levasse novamente a imagem para a antiga igreja, o que acabou ocorrendo no ano de 1939, no dia 5 de novembro. Era um belo dia ensolarado quando Nossa Senhora, sobre um andor, seguida de uma procissão, adentrou a vila. Assim que a imagem tocou o solo da área urbana, pingos de chuva começaram a cair e, em pouco tempo, uma chuva abundante lavou a cidade, obrigando os fiéis a entrarem na igreja para se protegerem da chuva, que caía em bátegas. Esse dia ficou conhecido como o Milagre da Chuva. A partir desse fato, as plantações prosperaram, os animais não mais morreram da forma como estava acontecendo, e o ciclo da chuva normalizou. A população de Monte Sião relata ainda muitos milagres recebidos pela intercessão da Santa da Medalha Milagrosa!

No dia 5 de novembro de 1999, a matriz foi elevada a Santuário de Nossa Senhora da Medalha Milagrosa. O dia 27 de novembro é dedicado à padroeira da cidade.

Localizado no Bairro da Tijuca, na cidade do Rio de Janeiro, existe um Santuário dedicado a Nossa Senhora da Medalha Milagrosa, construído a partir do ano de 1949, motivado pela canonização da irmã Catarina Labouré no ano de 1947. Foi inaugurado, em 1955, em cerimônia suntuosa, presidida pelo Cardeal do Rio de Janeiro, Dom Lázaro Neves. Uma grande curiosidade do Santuário é a imagem de 5 metros de altura instalada em sua torre no ano de 1981. No dia 5 de agosto de 2003, o Santuário foi tombado pela Prefeitura Municipal da cidade do Rio de Janeiro.

Na cidade de Bambuí, Minas Gerais, existe uma igreja dedicada a Nossa Senhora da Medalha Milagrosa. Sua construção tem origem em um crime passional, que abalou a cidade na década de 1960 e deu origem a uma peregrinação de fiéis ao local onde ocorreu o assassinato e onde foi construído um cruzeiro. Para lá os fiéis se dirigiam em busca de graças e passaram a falar na construção de uma igreja para a alma de Lídia, a vítima do crime, que passou a ser reconhecida como uma santa. Em 1981, 150ª aniversário da aparição de Nossa Senhora das Graças, Padre Demerval deu início à construção da igreja, no mesmo local de peregrinação onde havia ocorrido o assassinato, e a dedicou à Virgem. Em dezembro de 2000, a igreja foi transformada em paróquia e, no ano de 2006, elevada à categoria de Santuário.

A capela da Nossa Senhora da Medalha Milagrosa, em Curitiba, no Paraná, deve sua origem a três missionárias polonesas que chegaram ao estado no ano de 1904. Após mais de 20 anos no país, atendendo aos mais necessitados e trabalhando arduamente no trabalho missionário, lançaram em 1932 a pedra fundamental da Casa Medalha Milagrosa, e, nesse edifício, foi construída também uma capela dedicada a Nossa Senhora da Medalha Milagrosa. Na comemoração dos cem anos da chegada das missionárias, a capela foi reformada, transformando-se em semipública, onde se reza toda segunda-feira a Novena Perpétua de Nossa Senhora das Graças.

Situada no planalto norte de Santa Catarina, em meio a incríveis belezas naturais, Itaiópolis é berço da colonização polonesa e ucraniana na região. No coração da cidade foi construída a Igreja Matriz dedicada a Nossa Senhora Imaculada da Medalha Milagrosa. Com influência da arquitetura gótica, seu interior é repleto de pinturas murais. Possui um órgão, feito sob medida, e a imagem da padroeira, que foi trazida da França.

A partir de 1921 e durante 65 anos, as irmãs, Filhas da Caridade, vindas da Polônia dirigiram escolas e cuidaram dos doentes. Contribuiram fortemente para o crescimento e a organização dessa igreja.

O Santuário de Nossa Senhora da Medalha Milagrosa (Sete Capelas) em Ribeirão Preto, São Paulo, foi idealizado e construído pelos freis beneditinos a partir de 1948. O Santuário dedica cada uma de suas capelas a um padroeiro, com exceção da sétima. A primeira capela é dedicada a Nossa Senhora da Medalha Milagrosa, a segunda a São Judas Tadeu, a terceira a Nossa Senhora Aparecida, a quarta a Santa Teresinha, a quinta a São Jorge, a sexta a Nossa Senhora do Perpétuo Socorro e a sétima é chamada de Capela da Penitência. O conjunto arquitetônico é bastante harmônico e cada capela é individualizada. Todas estão dispostas em um semicírculo e voltadas para o centro. Fazem parte de um Complexo Cultural muito visitado pela população local e da região.

A devoção a Nossa Senhora Medianeira teve início no Rio Grande do Sul, na cidade de Santa Maria. Esta se difere de Nossa Senhora das Graças apenas por um detalhe: sobre sua cabeça aparece a Santíssima Trindade, que canaliza os raios das graças sobre Maria para ela distribuir ao mundo com suas mãos.

25

Nossa Senhora Achiropita

É um dos nomes atribuídos a Maria, mãe de Jesus, e está inscrito em uma igreja na cidade de Rossano na Calábria, Itália. Segundo a tradição cristã, em meados do século VII, a imagem de Nossa Senhora foi retratada de forma milagrosa, por isso o nome Achiropita, que quer dizer "não feito por mãos", uma forma de dizer que a imagem surgiu devido a uma intervenção divina e não por mãos humanas.

Segundo a história, conta-se que um artista, contratado para pintar a imagem de Nossa Senhora na igreja da cidade de Rossano, tinha seu trabalho inexplicavelmente desaparecido todas as noites, após conclui-lo durante o dia. O povo da cidade, indignado com essa situação, contratou um vigia para ficar de olhos atentos ao que ocorria. Em uma bela noite, apareceu na igreja uma senhora carregando uma criança no colo e insistiu com o vigia que a deixasse entrar para rezar. Embora as ordens fossem para que pessoa alguma entrasse, o vigia consentiu, pois não via ameaça na mulher e na criança. Como a senhora demorava a sair, o vigia entrou na igreja e, para sua surpresa, a mulher e a criança, que haviam entrado há poucos minutos, estavam retratadas na parede da igreja, de onde a pintura de Nossa Senhora sumira. O vigia então, em êxtase, saiu gritando pelas ruas da cidade: – Nossa Senhora Achiropita, Nossa Senhora Achiropita!

Nossa Senhora Achiropita chegou ao Brasil no século XIX com a vinda dos imigrantes italianos, muitos deles oriundos da região sul da Itália, onde está localizada a Calábria. Grande parte se instalou nas lavouras de café do estado de São Paulo.

O café chegou ao Brasil no início do século XVIII, trazido da Guiana Francesa por Francisco de Mello Palheta. Essa planta se aclimatou tão bem ao clima de nosso país que se tornou a grande riqueza do segundo império. Foram os escravos que possibilitaram a expansão da lavoura cafeeira, entretanto, com a Lei Áurea, promulgada a 13 de maio de 1888, não havia mais como cuidar das plantações.

Os imigrantes italianos, naquele momento, representaram a salvação do café brasileiro. Entrementes não se ativeram apenas às fazendas. Muitos foram para São Paulo atraídos pelo surto industrial e para o sul do país.

Onde ia, o povo italiano levava sua língua, seus costumes, suas devoções religiosas. Assim, difundiram na capital paulista o amor a Nossa Senhora Achiropita, especialmente no bairro Bixiga, também conhecido como Bela Vista, bairro essencialmente de origem italiana. Todo mês de agosto é dedicado a Nossa Senhora Achiropita e uma grande comemoração toma conta do bairro, recebendo visitantes da cidade inteira como também de outros estados. A festa, que tem como característica o consumo de muita comida italiana feita pelas "mamas", como também de manifestações culturais da cidade, é considerada a maior festividade religiosa da cidade de São Paulo. Toda a renda é revertida para obras assistenciais da Paróquia de Nossa Senhora Achiropita que, segundo alguns, é mais conhecida no Brasil, particularmente em São Paulo, do que na própria Itália, onde teve sua origem.

26

Nossa Senhora de Sion

Teodoro e Afonso Ratisbonne eram dois irmãos de origem israelita que se converteram ao cristianismo. O primeiro se tornou padre católico, e o segundo teve uma visão da Virgem Santíssima.

Em 1842, os irmãos tiveram a ideia de fundar uma congregação religiosa, destinada a trabalhar pela conversão do povo de Israel, difundir a fé no cristianismo e educar meninas de família nobre, proporcionando-lhes uma instrução esmerada, uma cultura ampla, dentro dos princípios da fé católica.

Unindo seus esforços nessa instituição missionária, os dois irmãos ficaram imaginando qual o nome que dariam a sua ordem religiosa, fundada sob inspiração de Maria Santíssima. Debalde ficava o padre Teodoro a imaginar um novo título para a Rainha do Céu, quando, certo dia, após celebrar a Santa Missa, ao abrir um livrinho para rezar sua "ação de graças", a primeira palavra que viu foi SION (Sião). Esse nome, essencialmente bíblico, harmonizava-se tão bem com a obra iniciada pelos irmãos Ratisbonne, que logo foi adotado, criando-se assim para a nova congregação o título de Nossa Senhora de Sion.

Essa congregação logo se distinguiu por propiciar um alto nível educacional e foi convidada a se instalar em vários países, inclusive no Brasil.

Em 1888, as primeiras Irmãs de Sion, que chegaram ao Rio de Janeiro, foram muito bem recebidas e se instalaram na Rua Gago Coutinho em Laranjeiras, onde iniciaram os trabalhos para a organização do Colégio.

Em 1889, foram para Petrópolis por causa da pandemia de Febre Amarela. Lá alugaram uma casa de propriedade do Visconde de Ubá, anteriormente ocupada pela Princesa Isabel e seu esposo, o Conde d'Eu.

Em 1891, pensaram em retornar ao Rio, mas um telegrama da Matriz proibiu a volta do Colégio para a Capital do país, ainda por causa da Febre Amarela.

Entre 1889 e 1902, o Sion se sobressaiu em Petrópolis e foi transferido em 1892 para o Palácio Imperial, que estava vago devido à Proclamação da República.

Em 1903, as Irmãs compraram um prédio em Petrópolis e posteriormente foi construído outro atrás desse. Este local foi a sede do Sion até 1968, quando a Diocese de Petrópolis comprou o Colégio para instalar a Universidade Católica.

O colégio do Rio ficou fechado de 1891 até 1908 quando voltou a funcionar como externato. O Sion do Rio existe até hoje e se localiza à Rua Cosme Velho. Atualmente, o colégio é misto e proporciona educação de alto nível.

Em Juiz de Fora, foi instalado um Colégio em 1897, que durou pouco devido à Febre Amarela.

Já no século XX, em 1901, foi fundado um colégio em São Paulo no bairro Higienópolis, que está em pleno funcionamento, oferecendo ensino a meninos e meninas. O colégio foi o primeiro no Brasil a adotar o método Montessori de educação. Nele estudou uma menina que hoje é uma importante personalidade política do Brasil: Marta Suplicy. Posteriormente foi instalada uma nova unidade no bairro Vila Maria Alta.

Em meados do século XX, o Sion manteve uma unidade em Belo Horizonte, onde estudou uma aluna que se tornou Presidente da República: Dilma Rousseff.

Em Curitiba, ele foi implantado, em 1906, e hoje tem duas unidades, uma no bairro Batel e outra no Solitude. Como as demais casas do Sion, as do Paraná são também referência no ensino, baseado em um conhecimento amplo e princípios cristãos.

O Sion de Campanha, uma cidade histórica, terra natal do cientista Vital Brasil, foi criado em 1904 e funcionou até a década de 60, quando, infelizmente, teve de encerrar suas atividades; até hoje é relembrado com saudades pelas ex-alunas e por todo o povo mineiro.

O prédio onde se instalou era muito bonito, bem grande e foi aumentado na década de 50 com uma edificação de dois andares, sendo que no térreo foi construído um auditório magnífico e no andar superior salas de aulas. Nesse auditório, eram celebradas as festas e formaturas com muito brilho. Foi lá também que se comemorou parte das solenidades do cinquentenário do colégio, em 1954, e foi interpretado o hino que o grande músico Heitor Villa Lobos compôs em homenagem aos cinquenta anos da famosa escola.

O prédio era lindo, cercado de jardins, quadras desportivas e um riacho ladeado por palmeiras, pois o colégio ficava em uma chácara. Toda aquela beleza e serenidade infundiam uma grande calma e elevavam os pensamentos, mas o lugar mais místico e encantador era a capela ampla, tendo ao fundo um nicho com a doce imagem da Virgem de Sion segurando o Menino Jesus ao colo.

Os demais colégios também têm lindas capelas, onde se sente a presença de Deus e se pede a proteção da Virgem de Sion.

27

Nossa Senhora do Sagrado Coração

Nossa Senhora acha-se inseparavelmente ligada ao Salvador do Mundo, seu Filho, por isso a devoção a Nossa Senhora do Sagrado Coração também serve de complemento ao culto do Sagrado Coração de Jesus. Esse título foi criado em meados do século XIX, porém, em nosso país, temos notícias do culto e da devoção a Nossa Senhora dos Divinos Corações, atualmente também conhecida como Nossa Senhora do Brasil, desde o início da colonização. No início do século XVIII, em Pernambuco, já era venerada uma imagem da Virgem Maria com o Menino Jesus no colo, apresentando ambos, sobre o peito, seus corações. A origem dessa invocação foi atribuída ao Santo Padre José de Anchieta, o apóstolo do Brasil, que, após ter fundado o primeiro templo dedicado ao Sagrado Coração de Jesus na capitania do Espírito Santo, teria imaginado semelhante título para a Virgem Maria, cujo coração está ligado ao de seu amado Filho. Acredita-se que a imagem criada por José de Anchieta tenha ficado escondida por muito tempo, em alguma aldeia indígena, que estava sendo catequizada pelos jesuítas, antes de ser resgatada pelos capuchinhos italianos em sua igreja em Recife (PE).

Em 1854, dois jovens sacerdotes fundaram em Issoudum, região central da França, uma obra missionária com o intuito de divulgar a devoção ao Sagrado Coração de Jesus. Precisavam de muitos recursos para a empreitada e, como esses lhes faltavam completamente, pediram a Nossa Senhora que os ajudasse, caso o empreendimento fosse de seu agrado. Começaram então uma novena que deveria terminar em 8 de dezembro daquele ano. No último dia da novena, o milagre aconteceu! Um emissário chegou até eles, entregando-lhes, em nome de um benfeitor anônimo, uma grande quantia destinada à obra missionária.

Com o dinheiro conseguiram estabelecer uma modesta sede da casa religiosa e edificaram uma igreja dedicada à Mãe Santíssima. Porém, ao colocarem o altar da Virgem, ficaram pensando qual nome lhe dariam. Por sugestão de um deles, o padre Júlio Chevalier, deu-se o nome de Nossa Senhora do Sagrado Coração (Notre Dame du Sacré-Couer).

Faltava, porém, uma imagem que expressasse para o povo sua significação. Após alguns embates, foi escolhida, com aprovação do Papa, a imagem idealizada séculos antes pelo Padre Anchieta, em que a Virgem Maria, tendo ao colo o Menino Jesus, que mostra, com a mão esquerda, seu coração e aponta com a direita o coração da Mãe.

No Brasil, a devoção a Nossa Senhora do Sagrado Coração se espalhou por todo o território nacional, porém é no Bairro da Vila Formosa em São Paulo que se encontra sua maior expressão. Ali se estabeleceram as Congregações dos Missionários e das Filhas do Sagrado Coração, criada pelo padre Júlio Chevalier e pela madre Maria Luiza Hartzer. Desde 1920 se dedicam à assistência aos pobres e aos cuidados dos doentes. Sua igreja é conhecida pelos sinos que à tarde tocam música sacra como também pelo sistema de lâmpadas elétricas, substituindo as velas no pagamento de promessas. Os missionários ainda mantêm a "Pequena Obra do Sagrado Coração", que visa à formação de novos sacerdotes encarregados de levar o evangelho aos povos da Ásia e da África. Também existe ali a "Grinalda Marial das Crianças", que a cada nascimento são recomendadas à Virgem Santíssima.

28

Nossa Senhora de Fátima

No dia 13 de maio de 1917, na cidade portuguesa de Fátima, Nossa Senhora apareceu a três pequenos pastores: Lúcia, Jacinta e Francisco, na Cova da Iria, um lugar árido, próximo à localidade de Fátima.

Segundo as crianças, apareceu-lhes uma Senhora mais brilhante que o sol, acima de uma azinheira que havia no local. Ela continuou aparecendo para os pastores, sempre no dia 13, até o mês de outubro. Em todas as aparições, ela pedia que se rezasse o terço todos os dias para alcançar a paz no mundo e a conversão dos pecadores.

Elas pediram a Nossa Senhora que fizesse um milagre para que as pessoas acreditassem nelas. A Virgem atendeu ao pedido das crianças em sua última aparição. A Cova da Iria estava repleta de pessoas que ali acorreram porque Lúcia dissera que a Senhora daria uma prova de sua autenticidade. Chovia muito, mas, repentinamente, o céu se limpou, e o sol, como um disco de prata, girou com grande velocidade lançando raios de várias cores em todas as direções, perante a multidão boquiaberta.

Após esse dia inesquecível, Nossa Senhora não apareceu mais, porém sua presença se faz sentir através de uma atmosfera de fé e milagres que atraem pessoas ao local todos os anos. Ali foi construída uma belíssima igreja. Além de ser um dos maiores Santuários Marianos do mundo, Fátima atrai centenas de fiéis todos os anos.

No Brasil, é cultuada em muitas igrejas erigidas em seu louvor. Entre elas:

No Ceará, no município de São Benedito, na Serra de Ibiapaba encontra-se o Santuário de Fátima de Serra Grande, ao qual foi oferecida uma imagem de Nossa Senhora de Fátima pelo Santuário português e as relíquias dos beatos Francisco e Jacinta.

No Rio de Janeiro, no Recreio dos Bandeirantes, foi construído, em maio de 2011, um Santuário dedicado à Virgem de Fátima, com uma réplica da famosa capelinha das aparições da Cova da Iria.

Em Recife foi inaugurada em 1935 pelos jesuítas a primeira igreja da América Latina em homenagem à Virgem do Rosário de Fátima. Foi colocado esse título relembrando que Nossa Senhora quando apareceu aos pastorinhos, na Cova da Iria, trazia consigo um rosário. Em 2012, essa igreja foi declarada como primeiro Santuário Canônico Mariano da Arquidiocese de Olinda e Recife pelo Arcebispo Dom Fernando Saborido, em ato celebrado com festividade na data de 13 de maio. O Santuário foi ainda carinhosamente chamado de Catedral da Juventude por Dom Helder Câmara.

Em Palmas, capital do Tocantins, existe um santuário dedicado à padroeira da cidade. Construído em 1996, é uma das mais novas igrejas dedicadas a Nossa Senhora de Fátima.

Em Brasília, na 307/308 Sul, há o primeiro templo católico dedicado a ela, feito em alvenaria, inaugurado em 28 de junho de 1958. A obra foi construída em cem dias, com o objetivo de pagar uma promessa da primeira dama Sarah Kubitschek, feita em agradecimento pela cura de sua filha Márcia. Dona Sarah era esposa de Juscelino Kubitschek de Oliveira, o presidente que construiu Brasília.

Nos primórdios de sua independência, o desenvolvimento do Brasil se ateve ao litoral, até porque o Tratado de Tordesilhas estipulava que, das terras recém-descobertas por Espanha e Portugal, seriam lusas aquelas compreendidas até 370 léguas a oeste das Ilhas de Cabo Verde. Isso significava que o Brasil era muito menor do que é atualmente.

Entrementes, no fim do século XVII e no século XVIII, os bandeirantes, homens intrépidos que partiam especialmente de São Paulo à procura de ouro e pedras preciosas, desbravaram os sertões, alargaram nossas fronteiras e iniciaram o povoamento do interior do Brasil. Mas era necessário levar civilização e desenvolvimento para o centro da Nação.

Desde a Proclamação da República, já se cogitava a construção de uma cidade no planalto central, a qual seria a capital do Brasil. Em 7 de setembro de 1922, o presidente Epitácio Pessoa lançou a pedra fundamental da nova capital em Planaltina, mas só em 1956, no governo do presidente Juscelino, é que se iniciou a construção de Brasília, que foi inaugurada no dia 21 de abril de 1960. Seus dois grandes arquitetos foram Lúcio Costa e Oscar Niemeyer.

Em São Paulo, na Avenida Imirim, existe uma paróquia de Nossa Senhora de Fátima vinculada à presença, no bairro, das Missionárias da Consolata. Em 1979, nos anos finais da ditadura, a paróquia realizou uma importante manifestação de apoio à greve nacional de fome dos presos políticos, em favor do movimento da Anistia Ampla Geral e Irrestrita.

Após o término da Segunda Guerra Mundial, a imagem de Nossa Senhora de Fátima percorreu muitos países, levando uma mensagem de paz e amor. Em 1953, esteve no Brasil percorrendo várias paróquias. Uma delas foi a cidade de Palmas, capital do estado do Tocantins, onde se construiu o Santuário Diocesano, que imita o da Cova da Iria. Também esteve em várias cidades de Minas Gerais. Em Poços de Caldas, foi recebida com tapete de flores e muita alegria. Após sua partida, iniciou-se a construção de um templo dedicado a ela no alto de uma colina, de onde se pode visualizar vários recantos da cidade.

A Imagem Peregrina foi levada ao Colégio Sion, da cidade de Campanha, onde permaneceu por algumas horas. As freiras e as alunas receberam Nossa Senhora de Fátima com imenso carinho, cânticos e flores.

Em 2019, a Virgem da Cova da Iria veio mais uma vez ao Brasil, dessa vez às cidades do estado de São Paulo, sempre recebida com muita festa e muito afeto pelo povo brasileiro.

29

Nossa Senhora da Agonia

Nossa Senhora da Agonia é padroeira da cidade de Viana do Castelo em Portugal. A devoção começou com os pescadores do local. O oceano que banha a cidade é muito bravio, e, muitas vezes, aqueles intrépidos homens do mar tinham de fazer muito esforço para não naufragarem. Suas famílias angustiadas pediam ajuda a Nossa Senhora da Agonia; assim a devoção foi crescendo e, em 1700, foi construído um santuário em sua honra.

No Brasil, até o século passado, não existia igreja alguma dedicada a Ela. Hoje, há um belo santuário na cidade de Itajubá, MG.

Em 1990, um senhor português radicado no Brasil, Antônio de Lima Costa, expressou seu desejo de trazer para Itajubá uma imagem de Nossa Senhora da Agonia. Assim sendo, ele doou um terreno de sua propriedade no alto de uma colina para que se construísse a igreja e providenciou, para que uma imagem, réplica da que existe em Viana do Castelo, fosse mandada para o Brasil.

O pároco da Igreja de Nossa Senhora da Soledade, Padre Tarcísio Pereira Machado, e toda a comunidade itajubense receberam com muita alegria essa notícia.

Na véspera do Natal de 1994, a imagem de Nossa Senhora da Agonia chegou a nosso país. Uma comitiva foi designada para buscá-la no aeroporto do Galeão e trazê-la para Itajubá. Então ocorreu um fato que se acredita ser o primeiro milagre da Senhora da Agonia no Brasil: a comitiva designada para trazer a imagem encontrou grandes embaraços para retirá-la do aeroporto. Além de uma quantia em dinheiro, de que não se dispunha na ocasião, foram exigidos documentos que não tinham vindo de Portugal, por isso não era possível liberá-la.

Rezava-se e invocava-se a intervenção de Nossa Senhora da Agonia, quando o principal encarregado pela liberação da preciosa encomenda na alfândega apareceu e perguntou ao sr. Azevedo (português amigo do sr. Costa, que recebeu a procuração do pároco de Itajubá para representá-lo na retirada da imagem):

– O senhor é o Padre Tarcísio?

– Não, eu sou seu procurador, respondeu o sr. Azevedo, com sotaque português.

– Ainda bem, pois eu não gosto de padres! Para o senhor vou contar o que me aconteceu. Eu sou ateu, não acredito em nada, mas, ao abrir a caixa da mercadoria de vocês, logo que retirei sua tampa e afastei com as mãos as palhas que protegiam a imagem, apareceu o rosto de Nossa Senhora com aquelas lágrimas... Bem, alguma coisa aconteceu dentro de mim. Quer saber de uma coisa? Podem levá-la e que Ela nos proteja!

A imagem chegara, mas sua igreja ainda não estava construída. Sendo assim, permaneceu durante algum tempo na Matriz de Nossa Senhora da Soledade. Em maio de 1996, a imagem de Nossa Senhora da Agonia foi entronizada em uma cerimônia de Primeira Eucaristia, em uma pequena garagem, em um terreno situado na Rua Prefeito Tigre Maia, cedido de forma provisória por um gentil morador.

Com esforço, ajuda do povo de Itajubá e algumas doações, foi-se paulatinamente construindo a belíssima igreja no alto da colina, que foi finalizada no ano de 2006. Em 2013 foi reconhecida oficialmente como Santuário.

Essa igreja foi projetada pelo arquiteto Marcos Nunes Vergueiro. Com esse projeto, Vergueiro recebeu o prêmio de arquitetura no 53º Salão de Belas Artes de São Paulo.

Realmente o templo é muito bem estruturado, cuja forma é arredondada e possui uma belíssima cúpula central. É todo envidraçado, o que permite a visão de vários ângulos da cidade. O altar de Nossa Senhora da Agonia fica de frente à porta de entrada e, na parte posterior, situa-se o Sacrário do Santíssimo Sacramento, onde os devotos fazem uma adoração perpétua. O chão é todo de mármore claro. Na parte externa, existem dois painéis representando Nossa Senhora da Agonia, trabalhos da artista plástica Cleuza Maria Gonçalves.

Ao lado da igreja existe uma cruz feérica. À noite a cúpula do templo se reveste de um azul resplandecente, e a cruz também é acesa, dando um aspecto maravilhoso a esse santuário.

30

Nossa Senhora Mãe Navegante

Corria o ano de 1989, quando o sr. Reinaldo Teles Guimarães, morador do distrito da Lagoa, município de Pedralva, Minas Gerais, soube que sofria de um grave problema cardíaco e que suas chances de cura eram mínimas. Como era um homem devoto a Nossa Senhora Aparecida, diante da falta de perspectivas para sua saúde, pediu à Santa que o curasse. Passados alguns dias, operou-se um milagre: sr. Teles não apresentava mais os sintomas da doença, uma vermelhidão no lado esquerdo do peito, que chegava a sangrar. Feliz, espalhou a boa nova pelo povoado e atribuiu sua cura a Nossa Senhora Aparecida.

O bairro da Lagoa, embora pertença ao município de Pedralva, fica mais próximo ao município de Maria da Fé, razão pela qual seus habitantes preferem essa localidade para comprar o que necessitam. O bairro é ligado à cidade por uma estrada de terra onde, no dia 4 de novembro de 1989, sr. Reinaldo, que caminhava com a intenção de ir até Maria da Fé, divisou a sua frente uma mulher, vestida de branco e descalça. Aquela visão aguçou-lhe a curiosidade e, por mais que tentasse alcançá-la, sempre estava atrás.

A visão daquela mulher passou a ser frequente para o devoto e, em uma delas, ela lhe disse que era Nossa Senhora Aparecida, mas que gostaria que, a partir daquele momento, fosse chamada de Nossa Senhora Mãe Navegante. Pediu-lhe também que rezassem muito o rosário e mais um terço, ou seja, o rosário passaria a ter quatro partes, o que passou a ser feito regularmente na pequena capela do bairro junto a seus moradores. Disse-lhe que naquele povoado, no futuro, seria erguida uma basílica em nome da Mãe Navegante. Sr. Reinaldo também recebeu a incumbência de construir três capelas para os arcanjos, Miguel, Rafael e Gabriel, locais hoje de intensa peregrinação e orações.

Passados 32 anos, a Lagoa, como é conhecida, tornou-se um centro de romarias, acolhendo pessoas de todo o Brasil e do exterior que, conhecendo a história da Mãe Navegante, para lá se dirigem buscando graças e milagres, que a cada ano aumentam mais, cumprindo assim a profecia de Nossa Senhora.

Com o passar dos tempos, a pequena igreja deu lugar a uma mais imponente, ainda em fase de conclusão, que apresenta um grande diferencial. Logo em sua entrada, foi construída uma fonte que jorra uma água, que possui propriedades curativas e que está à disposição de todos. Está sendo construída também uma sala de milagres, onde ficarão os objetos que comprovam as graças ali alcançadas.

Visitar a Lagoa muda nosso estado de espírito. De fato, o lugar exala paz e bondade. Seus habitantes são receptivos e provam que viver junto ao sagrado nos faz melhores como humanos. Um dos grandes fenômenos, atribuídos à Mãe Navegante, era uma chuva fina, quase uma névoa que, durante alguns anos, caiu no terreiro da casa do sr. Reinaldo, embora não houvesse nuvem alguma no céu. A chuva chegava a encharcar a roupa de quem estava sob ela, mas ela nunca tocava o solo. Outro fato é um texto que sr. Teles dava aos que lhe procuravam para que o lessem em voz alta. Ninguém conseguia terminar o texto sem algum erro. Perguntado por que isso acontecia, ele respondia:

– Porque ninguém é perfeito, só Deus.

Sr. Reinaldo faleceu no ano de 2012, e seu legado continua em construção. Mãe Navegante é hoje uma realidade religiosa nas terras da Mantiqueira, lugar onde as montanhas tocam o céu azul e vive um povo trabalhador e religioso. A casa do sr. Reinaldo continua ali, como antes, na qual vive sua esposa, em meio a vasos floridos onde inúmeros beija-flores vêm buscar o néctar que os alimenta, como a fé de seus devotos que buscam, na Mãe Navegante, um alívio para suas dores.

31

Nossa Senhora Aparecida

Um viajante estrangeiro, que pouco sabia do Brasil, trafegava na Rodovia Presidente Dutra quando avistou o Santuário Nacional de Aparecida.

Como a seu lado se encontrava uma senhora brasileira que falava seu idioma, perguntou a ela:

– O que é aquele monumento que me pareceu tão grande e bonito?

A senhora lhe respondeu:

– É o Santuário Nacional de Aparecida.

– Nossa, eu pensei que fosse um palácio.

– Mas, respondeu-lhe ela, é como se fosse um palácio, porque lá mora uma rainha.

– Rainha? O viajante ficou surpreso. Eu pensava que o Brasil fosse uma república.

– Sim, nós somos uma república, mas temos uma rainha, e ela mora naquele palácio.

– Ah, sim? Indagou o homem mais espantado ainda.

– Sim, e vou lhe contar uma coisa. Em toda a terra, desde que este mundo existe, nunca houve, em país algum, uma rainha tão amada por seu povo!

No alvorecer do século XVIII, o Brasil Colônia passava por grandes transformações. Os bandeirantes paulistas haviam descoberto muitas minas de ouro nas terras que se situam além da Mantiqueira. Aventureiros afluíam à região motivados pela cobiça.

O centro econômico do Brasil deslocou-se do Nordeste para Minas Gerais. Surgiram vários problemas na região, como a chamada Guerra dos Emboabas. Além dos problemas, o rei de Portugal, D. João V, não estava satisfeito com a cobrança do imposto régio sobre o ouro. Assim nomeou um fidalgo de sua confiança para governar a capitania de São Paulo e Minas do Ouro, que fora criada em 1709 abrangendo dois atuais estados: São Paulo e Minas Gerais.

Chegou, então, para assumir o posto D. Pedro Miguel de Almeida Portugal, o célebre Conde de Assumar, homem que todos temiam, devido a sua rigidez e impiedade.

O Conde de Assumar mandou avisar a Câmara de Guaratinguetá que passaria por lá em viagem entre São Paulo e a recém-criada Vila Rica. Assim, era necessário preparar-se um faustoso banquete.

Os pescadores da região Domingos Garcia, João Alves e Felipe Pedroso receberam incumbência de pescarem muitos peixes para o grande jantar.

Os três lançaram suas redes no Rio Paraíba do Sul, mas estas retornaram vazias. Durante várias horas, os três homens tentaram em vão obter alguns peixes. Por nada conseguirem, estavam temerosos diante da possível reação do Conde de Assumar.

Já desesperançados, lançaram suas redes e, espantados, notaram que haviam pescado uma imagem, sem cabeça, com anjos esculpidos ao redor dos pés. Lançaram novamente a rede e aí surgiu a cabeça da imagem.

Depois disso, os peixes, não se sabe surgidos de onde, encheram por diversas vezes as redes dos pescadores.

Essa milagrosa pescaria foi retratada por Adelmar Tavares em 1931, em seu belo poema: "O Milagre de Nossa Senhora Aparecida".

Segundo relato de Rodrigues Alvarez, em seu livro "Aparecida", Felipe Pedroso levou a imagem para sua casa e cuidou dela por mais de 15 anos. Depois a entregou a seu filho Atanásio Pedroso, que construiu o primeiro oratório aberto ao público.

Durante todo o tempo em que a imagem esteve na casa dos pescadores, os vizinhos e moradores da região se reuniam todos os sábados para rezarem o terço e cantarem a ladainha.

A imagem foi chamada de Nossa Senhora Aparecida, porque apareceu nas redes dos pescadores e veio lhes trazer ajuda em uma hora crucial.

A Vila de Guaratinguetá situava-se em um ponto estratégico. De lá partiam os bandeirantes que atravessavam a Serra da Mantiqueira em busca de ouro. Por lá passavam os viajantes e as tropas de muares vindas do Sul do país, carregando mercadorias. De Guaratinguetá alguns viajores, com suas cargas, desciam a serra com destino a Paraty e de lá seguiam por via marítima para Sepetiba e depois, por terra, para o Rio de Janeiro. Outros, atravessando serras, adentravam Minas Gerais.

Quase todos esses viajantes paravam diante da capelinha da Santa que aparecera no Rio Paraíba e cuja denominação Senhora Aparecida foi se popularizando.

Por volta de 1740, o vigário de Guaratinguetá, Padre José Alves Vilela, passou a participar com o povo da devoção a Nossa Senhora Aparecida.

Em 1743, ele solicitou ao Bispo do Rio de Janeiro que aprovasse o culto à Mãe Aparecida. Com a permissão do Bispo, foi construída a primeira igreja no Morro dos Coqueiros, em terra doada pela senhora Margarida Nunes Rangel.

Nessa ocasião, foi inaugurado também o povoado com o nome de Capela de Aparecida.

Muitos fiéis passaram a visitar a igreja de Aparecida pedindo-lhe ou agradecendo graças alcançadas.

Com o passar dos anos, a capela foi ficando velha e desgastada, sendo necessário construir uma igreja à altura da Santa ali cultuada. Embora houvesse dinheiro para que a obra fosse realizada, resultado das esmolas deixadas pelos fiéis peregrinos, não se concluía, porque essa verba era desviada por autoridades desonestas, encarregadas de tomar conta da capela.

Ocorre que a igreja no Brasil era ligada à Coroa portuguesa. As nomeações para cargo de tesoureiro das capelas eram exaradas em Portugal. Assim a igrejinha ficou sem reparos por muitos anos.

Um dos tesoureiros que mais roubou os cofres de Aparecida foi Jerônimo Francisco Guimarães, que permaneceu no cargo por 20 anos, acumulando grande fortuna pessoal; só o deixou quando D. Pedro I ordenou que o fizesse.

A construção de uma nova igreja foi se postergando. Quando havia uma pessoa honesta cuidando do cofre, a obra era desenvolvida, mas, logo em seguida, o cofre caía em mãos desonestas, e a obra paralisava. A igreja velha prestes a ruir e não se construía um templo novo.

Em 1876, chegou a Guaratinguetá um homem íntegro, o cônego Joaquim do Monte Carmelo. Culto, honesto, ousado e corajoso, o cônego pediu e obteve lugar de empreiteiro da Capela de Aparecida, em 1878. Então iniciou um trabalho sério e uma luta ingente contra os corruptos. Ele queria construir uma igreja digna para Nossa Senhora Aparecida. Enfrentou muitos obstáculos para conseguir seu intento.

Quando o dinheiro que destinaram à construção ficou pouco, D. Carmelo vendeu seus bens e prosseguiu com a obra da igreja. Mandou vir mármore da Itália, encomendou dois púlpitos talhados e algumas imagens na Bahia. Além de se desdobrar para construir uma casa digna de Nossa Senhora, D. Carmelo construiu casas para abrigar os romeiros que vinham de lugares distantes para orar e agradecer graças recebidas.

Finalmente o templo construído por D. Carmelo ficara pronto. Havia sido recém-inaugurada uma estação ferroviária em Aparecida, e, no dia 22 de junho de 1888, os primeiros convidados para a festa de inauguração da igreja chegaram de trem. O bispo de São Paulo, D. Lino benzeu a nova igreja, e Nossa Senhora foi entronizada em seu novo nicho. D. Carmelo celebrou a missa de inauguração. Depois, emocionado, abraçou os fiéis que, como ele, choravam de alegria.

Pouco tempo depois, tendo cumprido a missão que se impusera, o baiano D. Carmelo retornou ao mosteiro de São Bento em Salvador.

Os redentoristas

D. Carmelo retornara à Bahia. Quem iria tomar conta da Igreja de Aparecida?

O Brasil tinha poucos sacerdotes porque, em 1759, o ministro do rei português D. José I, Marquês de Pombal, expulsara os Jesuítas do Brasil. A Companhia de Jesus, que ajudara a colonizar o país, desde seus primórdios, só pôde retornar ao Brasil, em 1844.

O bispo de São Paulo, D. Lino, pediu ajuda ao Vaticano. O Papa enviou uma carta ao mosteiro de Gars na Baviera, solicitando o envio de padres para o Brasil: parte para a cidade de Trindade em Goiás e parte para Aparecida, que já recebia uma grande quantidade de romeiros.

Não era tarefa fácil a que os padres redentoristas iriam exercer. Deixariam seu país natal para irem a um continente diferente do seu: outro clima, outra língua...

Os padres alemães tinham um imenso amor a Nossa Senhora e um grande fervor missionário; assim, passando por cima das dificuldades, chegaram ao Brasil. Imediatamente iniciaram seu trabalho, que vai muito além do simples cuidado com a igreja. Nele está embutido o zelo missionário, a ajuda aos mais necessitados, a difusão do amor a Nossa Senhora Aparecida e a formação de novos sacerdotes.

Nossa Senhora Aparecida e a Família Imperial Brasileira

O site da arquidiocese do Santuário de Aparecida relata a visita feita pelo príncipe regente D. Pedro a Nossa Senhora Aparecida no dia 29 de agosto de 1822.

O escritor Rodrigo Alvarez, em seu livro "Aparecida", explana que essa visita está expressa em vários textos da época, mas que não existe um documento seguro provando a ida do príncipe a Aparecida. O historiador e jornalista Laurentino Gomes, descrevendo a viagem que o príncipe fez a São Paulo em agosto de 1822, não cita a ida dele a Aparecida, porém diz que D. Pedro passou por Guaratinguetá.

Diversas razões nos levam a crer que D. Pedro tenha rezado aos pés da Padroeira do Brasil. A primeira delas é que a família imperial brasileira era tradicionalmente muito católica. Outra razão consiste no fato de que após ser sagrado imperador, D. Pedro passou a zelar pelos assuntos referentes a Aparecida.

O que não se discute é que o príncipe regente enfrentava uma situação difícil e delicada e, naturalmente, quis pedir auxílio e luz à Senhora Aparecida.

D. João VI retornara a Portugal, em 1821. Sua permanência na América fora providencial para o Brasil, elevado por ele a Reino, unido a Portugal e Algarves, além de muitas outras benfeitorias que transformaram a Colônia em sede do Reino.

Entrementes, as Cortes de Lisboa, após obrigarem D. João a retornar a Lisboa, desejavam que o Brasil voltasse à antiga condição de colônia. Assim, começaram a pressionar o príncipe D. Pedro ordenando que voltasse para Portugal, exarando decretos que diminuíam o poder de governança do Príncipe e ameaçando enviar um exército para atacar o Brasil.

No dia 9 de janeiro de 1822, D. Pedro havia concordado em permanecer no Brasil. Em maio, aceitara o título de "defensor perpétuo e protetor do Brasil". Todavia, para ficar, o Príncipe precisava contar com o apoio dos brasileiros, especialmente das três mais importantes províncias da época: Rio de Janeiro, São Paulo e Minas Gerais.

Já viajara para Minas buscando apoio e fora recebido com muito carinho em todas as localidades por onde passara. Em agosto de 1822, estava na província de São Paulo, organizando sua situação política. No dia 19, o Príncipe passou por Guaratinguetá.

Pensava no impasse difícil em que se encontrava. Se voltasse para Portugal, provavelmente seria preso pelas cortes que já haviam aprisionado D. João VI.

Seu ministro e amigo José Bonifácio e sua esposa Leopoldina aconselhavam-no a permanecer no Brasil. Por outro lado, havia o perigo de uma guerra com Portugal e não se dispunha de armamentos, navios nem sequer numerário.

Ficando aqui ele se tornaria o rei de um grande país. Ele era português, mas o Brasil era a pátria de seus filhos e um país amado por ele e por seu pai, D. João VI.

Seria bom pedir o conselho e a ajuda de Nossa Senhora da Conceição Aparecida, que realmente o ajudou a se decidir, pois, poucos dias após ter rezado aos pés da Virgem Aparecida, o Príncipe proclamou a independência do Brasil.

O imperador D. Pedro II e a imperatriz Teresa Cristina estiveram, em 1843 e em 1845, na Capela de Aparecida para rezar diante da imagem. Entrementes, dos membros da família imperial brasileira, quem teve maior ligação com Nossa Senhora Aparecida foi a princesa Isabel. Ela não seria a herdeira do trono brasileiro, porém seus irmãos mais velhos, Afonso Pedro e Pedro Afonso, faleceram. Sendo assim, com 4 anos, Isabel foi reconhecida como herdeira da Coroa. Tornou-se uma moça culta e extremamente bondosa. Ela se assemelhava muito com sua avó paterna, a imperatriz D. Leopoldina. Nenhuma das duas foi bonita, quando se define essa qualidade como perfeição do corpo, porém ambas foram perfeitas ao que se concerne à qualidade do caráter. Ambas amavam o Brasil, eram profundamente cultas, religiosas, abolicionistas e de uma bondade extrema.

Tornando-se Isabel a herdeira da Coroa, recebeu uma educação esmerada. Aos 18 anos, D. Pedro contratou seu casamento com Luiz Felipe Maria Gastão, conde D' Eu. Pertencendo a uma família nobre da Europa, Gastão era um moço culto e educado.

Em 1864, em meio a grandes festividades, foi celebrado o matrimônio dos jovens. E, coisa rara entre pessoas das casas reais, sempre sujeitos a casamentos políticos, o casal foi feliz.

Isabel, que sempre foi parecida com a avó Leopoldina, na vida matrimonial teve bem mais sorte do que sua ancestral. O único problema que o casal enfrentava era o fato de Isabel não conseguir engravidar. Isso, além de ser uma frustação para a princesa como mulher, servia de chacota para os jornais opositores ao governo de D. Pedro II.

Entretanto, em 1868, a sucessora do trono e seu esposo foram em busca das águas virtuosas de Caxambu, que prometiam a cura da infertilidade. Na volta para o Rio de Janeiro, resolveram passar por São Paulo e parar para pedir a Nossa Senhora que lhes obtivesse a graça almejada.

A festa de Aparecida, no ano de 1868, foi celebrada com a presença de uma pessoa especial. A herdeira do trono brasileiro quis participar das celebrações ao lado de seu marido, o Conde D'Eu, na esperança de obterem da Senhora Aparecida a graça de um herdeiro.

Em sinal de sua devoção, a princesa doou à Imagem um manto ornado com 21 brilhantes, representando as 20 Províncias e a capital do Império.

Em 1884, a Princesa Isabel, feliz, retornava a Aparecida acompanhada de seu esposo e dos três herdeiros, os príncipes D. Pedro, D. Luís e D. Antônio em reconhecimento pela graça recebida.

Nessa ocasião, ela, como forma de honrar a imagem da Senhora Aparecida, ofereceu-lhe uma coroa de ouro de 24 quilates de 300 gramas, cravejada de brilhantes, que serviu, anos depois, para a coroação solene da Imagem, por ordem do papa Pio X.

Os Papas

No dia 8 de setembro de 1904, sob os auspícios do papa Pio X, a imagem de Nossa Senhora Aparecida foi coroada com a coroa ofertada pela Princesa Isabel. Pela primeira vez, o Santuário reuniu cerca de 15 mil pessoas, 12 bispos e centenas de sacerdotes. A missa aconteceu na praça da Basílica, presidida pelo Núncio Apostólico, Dom Júlio Tonti. O bispo de São Paulo, Dom José de Camargo Barros, foi quem a coroou. Foram incluídos os ritos dedicados a Nossa Senhora Aparecida durante as celebrações.

Em julho de 1930, Nossa Senhora Aparecida foi proclamada Padroeira do Brasil, por bula do papa Pio XI. No fim desse ano, Dom Sebastião Leme, Cardeal Arcebispo do Rio de Janeiro, tomou a iniciativa de realizar uma festa para a proclamação oficial de Nossa Senhora Aparecida como padroeira.

O governo da república convidou a Senhora Aparecida para ir à capital do país, onde ocorreria a cerimônia. A imagem foi levada de trem ao Rio de Janeiro. Houve uma grandiosa procissão pelo centro da cidade, acompanhada pelos altos dignatários da Igreja católica e pelo povo carioca. Estima-se que havia um milhão de pessoas acompanhando as festividades, ou seja, praticamente toda a população do Rio de Janeiro, na época.

Na Esplanada do Castelo, foi recebida pelo presidente Getúlio Vargas, a primeira dama Darci Vargas, ministros de Estado e embaixadores. Estava também presente o núncio apostólico do Vaticano. A imagem foi colocada no alto de um altar improvisado e declarada solenemente "Padroeira do Brasil". Assim passou a ser rainha e padroeira dessa imensa nação. Seu culto, então, espalhou-se por todos os recantos de nosso país, e várias paróquias foram a Ela dedicadas.

Em 1967, por ocasião do jubileu de 250 anos do encontro da imagem, esta recebeu a mais importante honraria concedida pela Santa Sé: A Rosa de Ouro, enviada pelo papa Paulo VI ao santuário brasileiro.

Em 1980, o papa João Paulo II, por ocasião de sua visita ao Brasil, rezou a missa de consagração da Basílica Nacional.

Em 2005, ao comemorar o 75º aniversário da proclamação de Nossa Senhora Aparecida como Padroeira do Brasil, o papa Bento XVI presenteou o Santuário com um cálice e uma patena e, em 2007, entregou pessoalmente uma Rosa de Ouro, segunda ofertada pelo Vaticano à Senhora Aparecida.

Em 2013, o papa Francisco veio ao Brasil para participar das atividades da Jornada Mundial da Juventude e visitou o Santuário Nacional. Oportunidade em que ofertou um cálice a Nossa Senhora Aparecida. Ele rezou diante da imagem, celebrou a Santa Missa, abençoou os fiéis e visitou o seminário Bom Jesus.

Das Igrejas

Após o papa Pio XI ter consagrado Nossa Senhora Aparecida como padroeira do Brasil, aumentou o número de devotos e foram edificadas inúmeras igrejas a ela dedicadas. Destacamos aqui a Catedral de Brasília, construída em um estilo moderno, com lindos vitrais, projetada por Oscar Niemeyer, e o mais importante: a Padroeira do Brasil também é a padroeira da capital do país.

A igreja construída por Dom Carmelo em Aparecida recebeu o título de Basílica Menor em 1908.

Em 1917, surgiu a primeira ideia da construção do Novo Santuário.

Em 1955, iniciou-se a efetiva construção da Nova Basílica, cujo arquiteto foi Benedito Calixto de Jesus.

A paróquia de Aparecida foi criada em 1893 e, em 1958, elevada à arquidiocese pelo papa Pio XII.

Em 1982, houve a transladação da Imagem de Nossa Senhora Aparecida da Antiga Basílica para a Basílica Nova. Nesse mesmo ano, a Basílica Histórica foi oficialmente tombada pelo Conselho de defesa do Patrimônio Histórico, Artístico, Arqueológico e Turístico do Estado de São Paulo (CONDEPHAAT).

Em 1983, a Conferência Nacional dos Bispos do Brasil – CNBB – declarou, oficialmente, a Basílica de Aparecida como Santuário Nacional.

No ano de 2017, o Santuário de Aparecida viveu uma grande festa com as celebrações e homenagens pelos 300 anos do encontro da imagem no Rio Paraíba do Sul, em 1717. Um dos destaques das homenagens a Nossa Senhora Aparecida foi a inauguração da Cúpula Central, obra do artista Cláudio Pastro.

As vicissitudes sofridas pela imagem de Nossa Senhora Aparecida

Depois de permanecer anos a fio em uma capelinha prestes a ruir, Nossa Senhora Aparecida passou a ter uma bela igreja, onde era venerada por centenas de romeiros.

Corria o ano de 1978. No dia 16 de maio, um rapaz vindo de São José dos Campos, que possivelmente possuía transtorno mental, ingressou à noite, no Santuário, quebrou o vidro do nicho, onde ficava a imagem da Santa, pegou-a e saiu correndo com ela. Apanhado pelo guarda do Santuário, funcionário do local, assustou-se e deixou a imagem cair. Esta quebrou-se em mais de duzentos pedaços.

Foi uma consternação geral dos devotos e dos padres de Aparecida. Com um cuidado imenso, os sacerdotes apanharam todos os pedaços, mesmo os pequeninos, quase uma poeira, e os juntaram em uma caixa.

Quem seria capaz de fazer essa restauração tão difícil?

Primeiro, pensou-se em artistas do Vaticano, mas, por fim, decidiu-se levar ao MASP, onde, sob sigilo, o restauro ficou a cargo de Maria Helena Chartuni.

Essa moça foi de uma dedicação e competência extraordinárias e conseguiu o que parecia para muitos impossível: restaurar a imagem da Nossa Senhora Aparecida.

Hoje, a imagem se encontra no Novo Santuário, em um nicho inviolável.

Em 1995, na tela da Rede Record de Televisão, a Nação brasileira assistiu atônita a um ato de vandalismo e total desrespeito pela religião alheia, praticado pelo pastor Sérgio da Igreja Universal. Esse homem levou consigo aos estúdios da Record uma imagem de Nossa Senhora Aparecida. E, diante do imenso público do canal, começou a escarnecer da Santa. Ele a injuriava e a chutava, como se estivesse possesso ou louco, ofendendo não apenas Nossa Senhora Aparecida, mas também todos os católicos do Brasil e do mundo. Nessa ocasião, a autora deste livro escreveu uma matéria em desagravo a Nossa Senhora Aparecida, que foi publicado pelo então jornal de Itajubá: "O Sul de Minas".

Aparecida e o Governo da República

A família imperial brasileira, começando pelo rei D. João VI, foi muito boa para o Brasil. Este elevou o Brasil a "Reino Unido a Portugal e Algarves", abriu os portos ao comércio das nações amigas e fez várias benfeitorias no Rio de Janeiro.

D. Pedro I, embora português, proclamou a independência do Brasil. Não resta dúvida de que as influências benéficas de D. Leopoldina e José Bonifácio contribuíram para que ele tomasse a decisão da separação.

A imperatriz Leopoldina era austríaca, mas amava o Brasil como sua pátria. Culta e educada, aconselhava o marido nas decisões políticas. José Bonifácio de Andrada e Silva foi um dos brasileiros mais inteligentes e patriotas deste país.

D. Pedro II assumiu o trono menino ainda e governou o Brasil com prudência e bondade por 49 anos. Enfrentou revoltas internas e perdoou aos envolvidos, recebendo o título de Imperador Magnânimo. Teve de enfrentar guerras externas, sendo a mais difícil a do Paraguai. Mas, apesar de tantas dificuldades, o país prosperou em seu governo.

Com a abolição do tráfico negreiro, em 1850, por meio da Lei Eusébio de Queiroz, as verbas destinadas à compra de escravos foram empregadas de outras formas, surgindo empresas, indústrias, bancos etc. Foi criada também a primeira ferrovia brasileira por Irineu Evangelista de Souza, Barão de Mauá.

Iniciou-se um próspero ciclo de plantação de café, primeiro no Vale do Paraíba e depois no oeste paulista.

O governo das regências havia criado duas escolas importantes: a de Farmácia em Ouro Preto e o Colégio Pedro II no Rio de

Janeiro, onde dezenas de jovens brasileiros receberam uma educação esmerada. Em 1876, o Imperador Pedro II fundou a Escola de Minas, também em Ouro Preto.

Dom Pedro II era um homem culto. Gostava muito de ler e o fazia especialmente quando estava em sua residência de descanso em Petrópolis. Hoje, o palácio se tornou um belíssimo museu. Prestigiava o Instituto Histórico e Geográfico e se tornou um grande mecenas, concedendo bolsas de estudo na Europa a pintores, como Victor Meirelles, ou a músicos, como Carlos Gomes, que estreou a ópera "O Guarani" no Teatro Scala de Milão com enorme sucesso.

Apesar de ser um ótimo Imperador, sofria oposição do partido republicano. Criticavam o Monarca, não poupavam seu genro Conde D'eu, embora este demonstrasse seu amor ao Brasil inclusive participando da Guerra do Paraguai.

No final do séc. XIX, a classe social que segurava o trono de D. Pedro II era a agrária, ou seja, os fazendeiros.

No dia 13 de maio de 1888, a Princesa Isabel assinou a Lei Áurea colocando um ponto final na vergonhosa escravidão negra. Entrementes, enquanto o povo ovacionava sua amada princesa, esta perdia sua coroa. Sem o apoio dos fazendeiros, o Império não se sustentou.

No dia 15 de novembro de 1889, o Marechal Deodoro da Fonseca proclamava a república no Campo de Santana, enquanto seus correligionários tiravam a família Imperial do palácio de madrugada e a conduzia ao navio que a levaria para a França.

A deportação da Família Real foi feita às escondidas, para que o povo do Rio de Janeiro, que amava o imperador e sua família, não se revoltasse.

Implantada a República, um dos primeiros trabalhos efetuados foi separar o Estado da Igreja. O Estado tornou-se laico.

Durante os anos da chamada República Velha, não houve interação entre a Basílica de Aparecida e o Governo da República.

Entrementes, em 1931, o Presidente Getúlio Dornelles Vargas fez um convite aos padres de Aparecida para que levassem a Santinha à Capital Federal e ali se proclamasse para todo o país o título a ela conferido: Padroeira do Brasil.

Na metade do séc. XX, a planta da nova Basílica já fora feita pelo arquiteto Calixto, mas não havia verba suficiente para tão grandiosa obra. Na época, era reitor do Santuário padre Antão Jorge Hechenblaickner. Assim como Frei Carmelo havia trabalhado denodadamente para erguer a Basílica Velha no séc. XIX, no séc. XX Frei Antão estava obstinado a levantar a nova igreja. Escreveu ele mais de 100 cartas a Senadores, Deputados e Ministros de Estado pedindo dinheiro para a obra. E ele conseguiu: segundo o escritor Rodrigo Alvarez, o presidente Getúlio Vargas, por meio de um decreto federal, autorizou a doação de 10 milhões de cruzeiros para a obra da igreja, e a cripta da Nova Basílica foi iniciada.

No governo do presidente Juscelino Kubitschek de Oliveira, foram doadas 1.425 toneladas de ferro da Companhia Siderúrgica Nacional, com que se construiu a torre principal do Santuário, que foi batizada com o nome de Brasília, em homenagem à cidade que o grande presidente estava construindo no Brasil Central.

Em 1969, para facilitar o trajeto entre as duas Basílicas, o Santuário conseguiu o apoio do Governo Federal para a construção de uma passarela, denominada de Passarela da Fé.

Em 1980, o Governo Federal promulgou a Lei 6.802, declarando feriado dia 12 de outubro para o culto público e oficial a Nossa Senhora Aparecida.

O Grande Milagre

No subsolo do Santuário de Aparecida, foi implantada, em 1974, a Sala de Promessas ou Milagres, para acolher objetos, cartas, roupas, retratos e muitas outras peças de devotos que os deixam ali em agradecimento às graças e aos milagres recebidos.

Os primeiros objetos remontam à capela erguida, em 1743. Mais tarde, a sala dos ex-votos localizou-se na Basílica antiga e, agora, encontra-se no Santuário. É uma sala muito bem organizada, pois abriga uma quantidade enorme de itens, que aumentam a cada ano.

Todas as pessoas, que deixaram os ex-votos ali, receberam alguma graça ou algum milagre.

Mas o maior milagre é, sem dúvida, a própria imagem da Senhora Aparecida.

Três homens simples encontraram no fundo do Rio Paraíba uma escultura de argila. Era uma imagem escurecida pelo fato de estar na água; além disso ela não entrou inteira na rede dos pescadores: primeiro foi encontrado o corpo e, depois, a cabeça. Ora, aqueles homens podiam não ter reconhecido o retrato de Nossa Senhora naquele ícone quebrado e escurecido. Mas não foi o que aconteceu. Eles creram que se tratava de uma Santa, levaram-na para casa, colaram a cabeça ao corpo e fizeram para ela um pequeno altar doméstico.

Depois de permanecer vários anos na casa de um dos pescadores, estes construíram uma pequena capela à beira do caminho, por onde passavam os viajantes e as tropas de muares.

E ali ficou a Santinha por longos anos, sendo venerada pelos passantes e pelo povo do lugarejo. Ora, podia ter sido roubada, destruída por uma tempestade, mas permaneceu incólume.

Mais tarde, foi construída uma capela maior, onde o Padre Vilela rezava junto com o povo. Essa capela, com o passar dos anos, foi ficando velha, prestes a ruir e não havia pessoa alguma capaz de restaurá-la. Mas Nossa Senhora tocou a alma de Frei Carmelo, porque ela sabia que ele era bom e honesto, o único homem capaz, na época, de erguer uma morada digna para Maria Santíssima. E Frei Carmelo construiu a igreja.

Os anos se passaram. Em 1978, um rapaz, com transtornos mentais, tirou a Santinha do nicho, deixou-a cair; esta fragmentou-se em pequeninos pedaços. Nesse momento, houve uma consternação geral, pois parecia impossível restaurar aquela imagem.

Nessa oportunidade, os padres decidiram levá-la ao MASP, e a grande restauradora Maria Helena Chartuni fez um trabalho quase que milagroso, ao restaurar a imagem da Senhora Aparecida.

Em meados do século XX, não havia verba para erguer o Santuário. Outra vez surgiu um homem especial, padre Antão Jorge Hechenblaickner, que conseguiu verba e iniciou a obra.

Quantos músicos, poetas, escritores vêm, com seu talento, louvando Maria, aparecida nas águas do Paraíba.

Como Ela é bem cuidada pelos Redentoristas! Como é amada e venerada pelo povo brasileiro! Como é visitada por milhares de romeiros!

ELA É O GRANDE MILAGRE!

Bibliografia

DEL PRIORE, Mary. *O Castelo de Papel*: uma história de Isabel de Bragança, princesa imperial do Brasil e Gastão de Orléans, conde d'Eu. Rio de Janeiro: Rocco, 2013.

GOMES, Laurentino. *1808*: como uma rainha louca, um príncipe medroso e uma corte corrupta enganaram Napoleão e mudaram a História de Portugal e do Brasil. 3. ed. rev. ampl. São Paulo: Globo, 2014.

GOMES, Laurentino. *1822*: como um homem sábio, uma princesa triste e um escocês louco por dinheiro ajudaram D. Pedro a criar o Brasil, um país que tinha tudo para dar errado e, no entanto, deu certo. – Rio de Janeiro: Nova fronteira, 2010.

BUENO, Eduardo. *Brasil*: uma história – cinco séculos de um país em construção. São Paulo: Leya, 2010.

CALMON, Pedro. *História do Brasil*: volume 1, século XVI. 3. ed. Rio de Janeiro: José Olympio, 1971.

CALMON, Pedro. *História do Brasil:* volume 3, séculos XVII e XVIII. 3. ed. Rio de Janeiro: José Olympio, 1971.

DA VEIGA CABRAL, Mário. *História do Brasil:* curso superior. 18. ed. Rio de Janeiro: Paulo de Azevedo Ltda., 1954.

ALVAREZ, Rodrigo. *Aparecida:* a biografia da santa que perdeu a cabeça, ficou negra, foi roubada, cobiçada pelos políticos e conquistou o Brasil. 1. ed. São Paulo: Globo, 2014.

BOTELHO MEGALE, Nilza. *112 Invocações da Virgem Maria no Brasil.* 2. ed. Petrópolis, RJ: Vozes, 1986.

GONSALEZ, Alexandra. *Nossas Senhoras do Brasil.* 1. ed. São Paulo: Pólen, 2017.

ELISA CARRAZZONI, Maria (coordenadora de pesquisa). *Guia dos Bens Tombados Brasil.* 2. ed. Rio de Janeiro: Expressão e Cultura, 1987.

KRUGER CORRÊA MOURÃO, Paulo. *As Igrejas Setecentistas de Minas.* 2. ed. rev. ampl. Belo Horizonte: Itatiaia, 1986.

ELISA COSTA, Maria. *Cidades Históricas:* Brasil. São Paulo: Empresa das Artes, 2003.

GUIMARÃES, Armelim. *História de Itajubá.* Belo Horizonte: Imprensa Oficial, 1987.

REZZUTI, Paulo. *D. Leopoldina:* a história não contada – a mulher que arquitetou a independência do Brasil. – Rio de Janeiro: LeYa, 2017.

PELÚCIO, José Alberto. *Baependi.* São Paulo: Gráfica Paulista de João Bentivegna, 1942.

Consultas a diversas secretarias paroquiais, sites de dioceses, igrejas e ao ipatrimonio.org.

Índice

Nossa Senhora da Boa Esperança, cf. p. 17.

Padre José de Anchieta escrevendo o Poema à Bem-aventurada Virgem Maria na areia da praia.

Santuário de Nossa Senhora da Ajuda-BA, cf. p. 25.

Nossa Senhora da Ajuda, cf. p. 25.

Igreja de Nossa Senhora da Conceição da Praia Salvador-BA, cf. p. 27.

Nossa Senhora da Conceição, cf. p. 27.

Nossa Senhora da Penha, cf. p. 35.

Nossa Senhora do Carmo, cf. p. 31.

Igreja da Penha, Villa Velha-ES, cf. 35.

Nossa Senhora de Belém, cf. p. 39.

Nossa Senhora da Soledade, cf. p. 41.

Igreja de Nossa Senhora da Soledade - Itájubá-MG, cf. p. 41.

Nossa Senhora dos Navegantes, cf. p. 43.

Nossa Senhora de Nazaré, cf. p. 45.

Santuário de Nossa Senhora de Nazaré, Belém-PA, cf. p. 45.

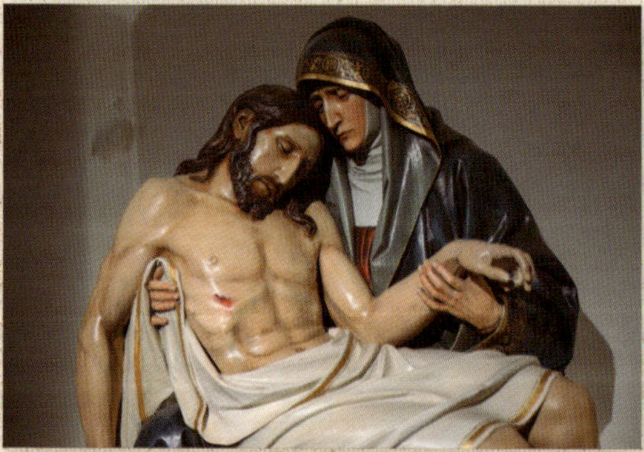

Nossa Senhora da Piedade, cf. p. 48.

Santuário de Nossa Senhora da Piededade, Caeté-MG, cf. p. 48.

Nossa Senhora da Vitória, cf. p. 52.

Igreja de Nossa Senhora dos Remédios de Paraty-RJ, cf. p. 55.

Igreja da Candelária, Rio de Janeiro-RJ, cf. p. 62.

Nossa Senhora da Assunção, cf. p. 65.

Nossa Senhora dos Anjos, cf. 69.

Nossa Senhora do Rosário, cf. p. 71.

Igreja do Rosário dos Pretos,
Tiradentes-MG, cf. 71.

Nossa Senhora das Dores, cf. p. 79.

Nossa Senhora das Graças ou da Medalha Milagrosa, cf. p. 90.

Nossa Senhora Achiropita, cf. p. 95.

Nossa Senhora de Sion, cf. p. 97.

Nossa Senhora do Sagrado Coração, cf. p. 101.

Nossa Senhora de Fátima, cf. p. 104.

Nossa Senhora da Agonia, cf. p. 108.

Nossa Senhora Aparecida, padroeira do Brasil.